朗朗书院

书院文化与教育特色

肖东发 主编　董　胜 编著

中国出版集团

现代出版社

图书在版编目（CIP）数据

朗朗书院 / 董胜编著. -- 北京：现代出版社，
2014.10（2021.7重印）
　　（中华精神家园书系）
　　ISBN 978-7-5143-2998-8

　Ⅰ．①朗… Ⅱ．①董… Ⅲ．①书院－教育史－中国－
古代 Ⅳ．①G649.299

中国版本图书馆CIP数据核字(2014)第236355号

朗朗书院：书院文化与教育特色

主　　编：肖东发
作　　者：董　胜
责任编辑：王敬一
出版发行：现代出版社
通信地址：北京市定安门外安华里504号
邮政编码：100011
电　　话：010-64267325 64245264（传真）
网　　址：www.1980xd.com
电子邮箱：xiandai@cnpitc.com.cn
印　　刷：三河市嵩川印刷有限公司
开　　本：710mm×1000mm　1/16
印　　张：11
版　　次：2015年4月第1版　2021年7月第3次印刷
书　　号：ISBN 978-7-5143-2998-8
定　　价：40.00元

　　党的十八大报告指出："文化是民族的血脉，是人民的精神家园。全面建成小康社会，实现中华民族伟大复兴，必须推动社会主义文化大发展大繁荣，兴起社会主义文化建设新高潮，提高国家文化软实力，发挥文化引领风尚、教育人民、服务社会、推动发展的作用。"

　　我国经过改革开放的历程，推进了民族振兴、国家富强、人民幸福的中国梦，推进了伟大复兴的历史进程。文化是立国之根，实现中国梦也是我国文化实现伟大复兴的过程，并最终体现为文化的发展繁荣。习近平指出，博大精深的中国优秀传统文化是我们在世界文化激荡中站稳脚跟的根基。中华文化源远流长，积淀着中华民族最深层的精神追求，代表着中华民族独特的精神标识，为中华民族生生不息、发展壮大提供了丰厚滋养。我们要认识中华文化的独特创造、价值理念、鲜明特色，增强文化自信和价值自信。

　　如今，我们正处在改革开放攻坚和经济发展的转型时期，面对世界各国形形色色的文化现象，面对各种眼花缭乱的现代传媒，我们要坚持文化自信，古为今用、洋为中用、推陈出新，有鉴别地加以对待，有扬弃地予以继承，传承和升华中华优秀传统文化，发展中国特色社会主义文化，增强国家文化软实力。

　　浩浩历史长河，熊熊文明薪火，中华文化源远流长，滚滚黄河、滔滔长江，是最直接的源头，这两大文化浪涛经过千百年冲刷洗礼和不断交流、融合以及沉淀，最终形成了求同存异、兼收并蓄的辉煌灿烂的中华文明，也是世界上唯一绵延不绝而从没中断的古老文化，并始终充满了生机与活力。

　　中华文化曾是东方文化摇篮，也是推动世界文明不断前行的动力之一。早在500年前，中华文化的四大发明催生了欧洲文艺复兴运动和地理大发现。中国四大发明先后传到西方，对于促进西方工业社会的形成和发展，曾起到了重要作用。

中华文化的力量，已经深深熔铸到我们的生命力、创造力和凝聚力中，是我们民族的基因。中华民族的精神，也已深深植根于绵延数千年的优秀文化传统之中，是我们的精神家园。

总之，中华文化博大精深，是中国各族人民五千年来创造、传承下来的物质文明和精神文明的总和，其内容包罗万象，浩若星汉，具有很强的文化纵深，蕴含丰富宝藏。我们要实现中华文化伟大复兴，首先要站在传统文化前沿，薪火相传，一脉相承，弘扬和发展五千年来优秀的、光明的、先进的、科学的、文明的和自豪的文化现象，融合古今中外一切文化精华，构建具有中国特色的现代民族文化，向世界和未来展示中华民族的文化力量、文化价值、文化形态与文化风采。

为此，在有关专家指导下，我们收集整理了大量古今资料和最新研究成果，特别编撰了本套大型书系。主要包括独具特色的语言文字、浩如烟海的文化典籍、名扬世界的科技工艺、异彩纷呈的文学艺术、充满智慧的中国哲学、完备而深刻的伦理道德、古风古韵的建筑遗存、深具内涵的自然名胜、悠久传承的历史文明，还有各具特色又相互交融的地域文化和民族文化等，充分显示了中华民族的厚重文化底蕴和强大民族凝聚力，具有极强的系统性、广博性和规模性。

本套书系的特点是全景展现，纵横捭阖，内容采取讲故事的方式进行叙述，语言通俗，明白晓畅，图文并茂，形象直观，古风古韵，格调高雅，具有很强的可读性、欣赏性、知识性和延伸性，能够让广大读者全面接触和感受中国文化的丰富内涵，增强中华儿女民族自尊心和文化自豪感，并能很好继承和弘扬中国文化，创造未来中国特色的先进民族文化。

2014年4月18日

中州明珠——嵩阳书院

千年书声——应天书院

洛闽中枢——东林书院

白鹿洞书院

白鹿洞书院位于江西白鹿镇。始建于南唐，唐末著名学者李渤早年在此读书时曾饲养一头白鹿，所以称白鹿洞书院。后来又设有庐山国学，亦称白鹿国学、匡山国子监，与金陵国子监齐名。

宋代理学大师朱熹在白鹿洞书院讲学时，书院达到鼎盛时期，与岳麓书院、应天书院、嵩阳书院并称"四大书院"。后又与吉安白鹭洲书院、铅山的鹅湖书院、南昌的豫章书院并称为"江西四大书院"。白鹿洞书院有"海内第一书院"的称誉，是我国历史上第一所教学内容和教学设施较为完备的书院。

李渤开创白鹿洞书院先河

　　在我国的唐朝贞元年间，有一位名叫李渤的诗人，住在五老峰东南麓的一个山洞里隐居读书，整整两年都未离开过山洞一步。

　　相传有一天，五老峰巅的一群神鹿足踏祥云，敬仰地俯视着李渤

白鹿洞书院正门

白鹿洞书院古建筑

晨读。李渤日夜攻读的刻苦精神，感动了神鹿群中的一只白鹿，为了陪伴李渤读书，白鹿飞下了云端，来到他的身边，成了他形影不离的好伙伴。

黎明，白鹿引颈长鸣，唤醒李渤离开山洞，迎着朝霞读书。夜晚，山风飕飕，白鹿衔过一件长袍，轻轻给他披上御寒。深夜，李渤疲惫地伏案而睡，白鹿只身奔进深山，衔来山参送到书案之上，给他滋补身体。

有一次，李渤躺在山岩上读书，渐渐地，他掩着书睡熟了。这时，乌云滚滚，山雨欲来。白鹿见此情形，立即一声鸣叫，唤来了五老峰头的鹿群，这些鹿一起簇拥着李渤，为他挡风遮雨。

李渤醒来之后，发现了被雨水淋湿的白鹿，他一下子就明白过来了，他抱着白鹿，流下了感动的热泪。从此，他与白鹿之间的感情更加深厚了。

为了让李渤专心读书，白鹿还主动承担起为他购买纸墨笔砚、日常生活用品等事情。只要李渤将钱与所购物品的清单放在袋子里，挂

笔墨纸砚 我国独有的文书工具，即文房四宝。笔、墨、纸、砚之名，起源于南北朝时期。历史上，"笔、墨、纸、砚"所指之物屡有变化。在南唐时，"笔、墨、纸、砚"特指诸葛笔、徽州李廷圭墨、澄心堂纸砚呢，自宋朝以来"笔、墨、纸、砚"则特指湖笔、徽墨、宣纸和端砚。

在鹿角上，白鹿就从洞里出发，通过松林中的小径，跑到落星湖畔的小镇里，将李渤要买的书、笔墨纸砚等东西如数地购回。每次白鹿到小镇里买东西时，镇上的人们都会好奇地看着它，都夸它是一只了不起的神鹿。

后来，李渤参加科举考试，金榜题名，当上了江州刺史。他为了感谢多年来白鹿对自己的照顾，再次到洞中去寻找白鹿，可是白鹿早已腾云驾雾，返回天庭了。

为了纪念白鹿，李渤就将当年读书的山洞，改名为白鹿洞，并在此修楼建亭，疏引山泉，种植花木，增设台榭、宅舍、书院，开创了白鹿洞书院的先河。自此，白鹿洞名重一时，成为四方文人往还之地，人们游览美景的一处佳境。

822年，白居易出任杭州刺史，途经九江，见到

■ 白鹿洞书院

了李渤。这是他们在九江唯一的一次会面，两位诗人倍感亲切，思绪万千。

白居易赠李渤诗两首，并作注云"元和末，余与李员外同日黜官，今又相次出为刺史。"其中，白居易在《赠江州李十使君员外十四韵》一诗中写道：

> 长短才虽异，荣枯事略均。
> 殷勤李员外，不合不相亲。

此次九江之行，白居易到庐山草堂住了一宿，并用调侃的口气告诉李渤："君家白鹿洞，闻道已生苔。"道出了两人在仕与隐之间的矛盾与彷徨。

李渤在九江任刺史两年，勤政爱民。他上任不久，发现朝廷管理财政的官员张叔平不顾百姓的疾苦，竟奏征贞元二年逃户欠款4410贯。

他体察下情，为民请命，立即上书陈奏"江州管田二千一百九十七顷，今年已旱死一千九百多顷"，还要征收36年前的拖欠，黎民百姓实在负担不了，并在疏中表示，如不准奏，"臣既上不副圣情，下不忍鞭笞黎庶，不敢轻持符印，特乞放臣归田。"

在李渤的恳切请求下，朝廷才下旨：

> 江州所奏，实为诚恳，若不蠲容，实难存济，所诉逋欠并放。

■ 白居易（772—846），字乐天，号香山居士，又号醉吟先生，祖籍山西太原，其曾祖父迁居下邽，其祖父白湟又迁居河南新郑。是唐代伟大的现实主义诗人，唐代三大诗人之一。白居易与元稹共同倡导新乐府运动，世称"元白"，与刘禹锡并称"刘白"。白居易的诗歌题材广泛，形式多样，语言平易通俗，有"诗魔"和"诗王"之称。

白鹿洞书院崇德祠

刺史 我国古代官职名。汉初，文帝以御史多失职，命丞相另派人员出刺各地，不常置。刺史要负责巡行郡县，分全国为十三部，各置部刺史一人，后通称刺史。刺史制度在西汉中后期得到发展，对维护皇权，澄清吏治，促使昭宣中兴局面的形成起着积极的作用。

在江州官署城南有一南湖，面积约80公顷，东抵北风嘴，西连龙开河，南接山川岭，北依浔阳城。由于湖面宽阔，南来北往行人诸多不便。

李渤为了方便行人，于是组织人力在湖中筑堤。建好的堤长七百步，南连山川岭，北接城池的南门口，沟通南北，往来称便。堤上还建桥安闸，控制和调节水位，兼有灌溉农田之利。后人为感谢刺史李渤，将新建的堤命名李公堤，外湖名甘棠湖，桥名思贤桥。

唐朝末年，兵荒马乱，各地学校多有毁损。所以，到庐山隐居、避难的读书人常到白鹿洞研讨学问，交流心得。

940年，南唐朝廷在李渤隐居的白鹿洞建立学馆，称"庐山国学"，又称"白鹿国学"，置田藏书，由金陵国子监九经教授李善道担任白鹿洞洞主，掌管教育和学习。南唐中主李璟在未即位之前也曾在白鹿洞读书，后来当了皇帝，就把这里设为书院。

庐山国学与当时南京国子监齐名，为官办学院。从此，四方学子慕名而来。

976年，南唐亡，九江百姓遭受兵马之灾，庐山国学随之成为废墟。至北宋初期，各地增设书院，庐山国学乃改称白鹿洞书院，从此，规模逐步扩大。

977年，江州知州周述将白鹿洞书院办学情况上奏朝廷，宋太宗赵光义随即诏令将国子监刻印的《诗》《书》《易》和《礼记》《仪礼》《周礼》《左传》《公羊传》《穀梁传》这"九经"颁赐给白鹿洞书院。

赵光义的这一诏令，奠定了白鹿洞书院的重要地位，书院随即声名远播，来此求学的人络绎不绝，当时与岳麓、睢阳、石鼓等书院，并称为"天下四大书

朝廷 帝王接见大臣和处理政务的地方，所谓朝廷分为"内廷"和宰相为首的"外廷"两部分。在汉武帝之前，内廷在政治生活中起的作用很少，仅仅负责皇家内部事务，以及照料皇帝及其家族的起居。

■ 白鹿洞书院

白鹿洞书院万世师表牌

院"。书院殿阁巍峨，亭榭错落，师生云集，俨如市镇。

980年，白鹿洞洞主明起到蔡州褒信县任主簿。书院因无人主持，逐渐废弃。

1001年，真宗赵恒下令给全国各地学校、书院发送国子监印本经书，并修缮孔子庙堂。有了皇上的诏令，白鹿洞书院得以重新修葺，并重塑了孔子及弟子的画像，师徒们从此也有了祭祀圣人的专门场所。

北宋末年，金兵南下，战争频繁，烽火连天。1054年，白鹿洞书院毁于兵火。其间，书院赖以生存的耕地被收回，书院无法继续提供膳食，于是学生们纷纷离去，校舍逐渐倒塌，不久书院停办。

自北宋末年到南宋初期，白鹿洞书院荒废了120多年。

阅读链接

白鹿洞书院建成之后，历代都有文人前来吟诗作赋。其中，唐末五代十国著名诗人王贞白的一首写自己读书生活的诗，也是一首惜时诗："读书不觉已春深，一寸光阴一寸金。不是道人来引笑，周情孔思正追寻。"诗中"一寸光阴一寸金"是诗人由第一句叙事自然引发出来的感悟，也是诗人给后人留下的不朽格言，千百年来一直勉励人们，特别是读书人珍惜时间、注重知识积累，不断充实和丰富自己。

朱熹对白鹿洞书院的复兴

那是在1179年的南宋，朱熹走马上任南康军事。辗转数月，朱熹在三月三十日这天到任。十月十五日下元节他来到白鹿洞故址，眼见书院荒凉的景象，不禁感慨万千。但书院的周边环境令朱熹欣喜不已，"观其四面山水，清邃环合，无市井之喧，有泉石之胜，真群居讲学、遁迹著书之所"。他随即决定对书院加以修复。朱熹一面分派军学教授、星子知县等人筹措兴复诸事，同时又将自己复兴书院的设想上奏朝廷。

■ 朱熹（1130—1200），小名沈郎，小字季延，字元晦，一字仲晦，号晦庵，晚称晦翁，又称紫阳先生、考亭先生、沧州病叟、云谷老人、逆翁，谥文称朱文公。南宋著名理学家、思想家、哲学家、教育家、诗人、闽学派的代表人物，世称朱子，是孔子、孟子以来最杰出的弘扬儒学的大师。

此时的白鹿洞书院，原来的建筑早已无存，仅余瓦砾榛荆，茂草荒丘。尽管南康正遭旱灾，财政困难，但朱熹还是集资筹款，建起了屋宇20余间。第二年，书院初步修复。朱熹主持祭祀先圣先贤的开学典礼，升堂讲学，并写下了《次卜掌书落成白鹿佳句》：

　　　　重营旧馆喜初成，要共群贤听鹿鸣。
　　　　三爵何妨奠萍藻，一编讵敢议诚明。
　　　　深源定自闲中得，妙用元从乐处生。
　　　　莫问无穷庵外事，此心聊与此山盟。

　　在主持白鹿洞书院期间，朱熹很注意学田的设置，认为"这是维持书院的久远之计"。他制订了购田计划，筹集了一部分购田资金。

　　为了充实图书，朱熹还发文，向各地征集书籍，甚至连结识未久的陆游也成为他求书的对象。

　　朱熹主持书院时，还制定了一套详细的藏书管理制度，设有"管

朱熹讲学场景

朱熹讲学蜡像

干"一职，专门对书籍进行日常管理。至于大规模的校勘、清理、曝晒等工作，就临时由山长组织人员进行。晒书一般是在每年的农历六月初一、十五。

当时，岳麓书院只有学生10余人。朱熹在总结前人办学所订的规制以及禅林清规等经验的基础上，制定了《白鹿洞书院揭示》：

父子有亲。君臣有义。夫妇有别。长幼有序。朋友有信。

右五教之目。尧、舜使契为司徒，敬敷五教，即此是也。学者学此而已。而其所以学序、亦有五焉，其别如左：

博学之。审问之。慎思之。明辨之。笃行之。

山长 历代对书院讲学者的称谓，五代蒋维东隐居衡山讲学时，受业者称之为山长。宋代将始建于南唐升元年间的庐山白鹿洞的"白鹿国学"，改造成白鹿洞书院，作为藏书讲学之所。元代于各路、州、府都设书院，设山长。废除科举之后，书院改称学校，山长的称呼废止。

右为学之序。学、问、思、辨四者，所以穷理也。若夫笃行之事，则自修身以至处事、接物，亦各有要，其别如左：

言忠信。行笃敬。惩忿窒欲。迁善改过。

右修身之要。

正其谊不谋其利。明其道不计其功。

右处事之要。

己所不欲，勿施于人。行有不得，反求诸己。

除了制定学规，朱熹还制定了课程，将《四书》作为基本课程，并尚需学习《五经》《楚辞》以及古代诗、文。

■ 陆九渊画像

为了学院的发展，朱熹试图聘请一些有名的学者到白鹿洞书院讲学，但均未成功。于是他只得自兼洞主，自为导师，亲自讲学。此时，在白鹿洞书院讲学的尚有刘清之，以及朱门弟子林泽之、黄粹、王阮等人。

正当朱熹主持白鹿洞书院时，南宋理学代表人物陆九渊自金溪来访，朱熹请陆氏赴白鹿洞登台讲学。他的"君子喻于义，小人喻于利"讲得举座动容，甚至有感动得掉下眼泪的学生。

朱熹也认为陆九渊讲得非常好，"切中学者隐微深痼之病"。并对自己过去没有讲得这么深刻感到惭愧，朱熹还表示，一定要与大家一起虚心向陆九渊学习。

于是，朱熹请陆九渊将讲稿书写下来，这就是著名的《白鹿洞书堂讲义》，朱熹请人将其刻石并写了《跋》，并作为文献保存在书院，以励后学。后来，陆九渊在白鹿洞书院期间，就哲学问题，与朱熹又进行了一次深刻的探讨，这就是"白鹿洞之会"。

与此同时，朱熹还请南宋理学家另一派代表吕祖谦为白鹿洞书院修复工作写记。朱熹在求记信中，希望此记"非独以记其事"，且"使此邦之学者与有闻焉，以为人德之门"。为此，二人书信往复，讨论记文措辞，然后定稿刻石。

朱熹又致书吕祖谦说："白鹿洞书院承为记述，惟使事之本末后有考焉！而所以发明学问深浅之序尤为至切，此帮之士蒙益既多，而传至四方，私淑之幸又不少矣！"

当时，吕祖谦为了调和朱熹"理学"和陆九渊

■ 吕祖谦（1137—1181），字伯恭，南宋婺州人，原籍寿州，人称东莱先生，与朱熹、张栻齐名，同被尊为"东南三贤"，"鼎立为世师"，是南宋时期著名的理学大师之一。他所创立的"婺学"，也是当时颇具影响的学派之一。

■ 讲学壁画

陆九龄（1132—1180），字子寿，人称复斋先生。乾道五年进士，宝庆二年特赠朝奉郎直秘阁，赐谥文达。与弟九渊相为师友，学者号"二陆"。其于字画未必屑屑求工，所书端稳深润有法度，临学之士或有所未及。乃知有德有言者，于区区字画亦不苟，卒年49岁。

"心学"之间的理论分歧，使两人的哲学观点"会归于一"，就出面邀请陆九龄、陆九渊兄弟前来与朱熹见面，陆氏兄弟便应邀来到了鹅湖寺，双方就各自的哲学观点展开了激烈的辩论，这就是历史上著名的"鹅湖之会"。

朱熹和陆九渊的哲学观点虽有异同，但是彼此却无心结，反而增加了彼此的友谊。无论是鹅湖之会，还是白鹿洞之会，都是我国古代哲学史、书院教育史上的大事，是先贤们探求真理，广博学问，摒弃门户之见，倡导百家争鸣的善举。

朱熹在主持白鹿洞书院期间，开展了多种形式的教学活动，包括"升堂讲说""互相切磋""质疑问难""展礼"等。《朱子读书法》六条，就是"循序渐进""熟读精思""虚心涵泳""切己体胸察""着紧用力""居敬持志"。以学生认真读书，自行理会为主要形式。

朱熹每有闲暇，就与生徒们优游于山石林泉之间，寓讲说、启迪、点化于其中。朱熹在白鹿洞书院创立的书院规制和教学模式，成为后来书院建设的榜样。

为了使书院拥有合法地位，朱熹还上书孝宗皇帝，乞赐敕额及"九经"注疏，但未果。后来，朱熹离开南康，改任浙东提举。他趁允许奏事的机会，再次向孝宗申请：

> 今乃废而不举，使其有屋庐而无敕额，有生徒而无赐书，流俗所轻，废坏无日，此臣所以大惧而不能安也。

这一次，孝宗皇帝经过"委屈访问"之后，才勉强准奏。朱熹离去以后，白鹿洞书院的院宇屡有兴修，教学、祭祀活动亦继续维持和发展。

1217年，朱熹之子以大理寺正卿的身份知南康军。他继承父志，重修白鹿洞书院，使之规模宏伟为他郡所不及。朱熹的门人黄榦在

白鹿洞书院之先贤书院

《南康军新修白鹿书院记》中写道：

> 輓顷从先生游，及观书院之始，后三十有八年，复睹书院之成。既悲往哲之不复见，又喜贤侯之善继其志。

意思是说，白鹿洞书院因朱熹而始建基，而由其子最后完成，时距朱熹仙逝已17年了。

朱门后学黄榦、陈文蔚、李燔、方岳、饶鲁等先后在白鹿洞书院讲学，培养了余阶、江万里等知名学生。

至1241年，宋理宗赵昀在视察太学时，亲自书写了朱熹所订的《白鹿洞书院揭示》。此后这个揭示被摹写传抄在各地的学校和书院中，成为御颁共同遵行的"教学方针"。

朱熹制定的教规得到皇帝如此的赞赏，遂成为各地书院教育乃至于学校教育的最高准绳和法则，影响广远，波及天下。理宗时，白鹿洞书院始设官治理。

白鹿洞书院因朱熹而享盛名，朱熹对白鹿洞书院的复兴，意味着我国书院制度的成熟。因此，王昶在《天下书院总志》序中称白鹿洞书院为"天下书院之首"。

阅读链接

朱熹晚年定居建阳考亭讲学，四方学子不远千里前来求学，研究理学，著书立说，与蔡元定等创建学术史上令人瞩目的"考亭学派"，考亭也因此喻为"南闽阙里"，建阳称为"理学之乡"，也因朱熹、蔡元定、刘爚、黄干、熊禾、游九渊、叶味道史称"七贤过化"之乡。每年的清明节前后，普天之下的朱子后裔都会前来祭祀拜谒，他所创立的南宋理学备受推崇。

王阳明心学在书院的传播

　　到了1236年元代的时候，南宋许多文人因不能进入元政府任官，纷纷设坛讲学，建立书院，造成元初私立书院迅速发展的现象。

　　元代也很重视文化教育事业，采取了若干措施保护和奖励书院，

古代书院教育

白鹿洞书院入口

学士 又称"内阁
大学士""殿阁大
学士"等，明清
时期流行的中堂
一称，一般是指
大学士或首辅大
学士。大学士拥
有和宰相同样大
的权力，负责主
持内阁大政，还
要参与国家大事
的重要决策。大
学士还要负责为
皇帝起草诏令，
批答奏章。

把私人建立的书院与地方州、县学同等对待，归官家节制，拨给学田，列书院的山长为州、县学官或教官，朝廷对书院教育重视的程度超越了前代。

所以，明初大学士解缙有言："白鹿洞书院在元尤盛。"但是，好景不长，书院又于元末毁于战火，所有殿堂斋舍荡然无存。

1366年，文学家王祎来到白鹿洞，看到"树生瓦砾间"，只余"濯缨""枕流"两石桥的景象。此时，距书院被毁已15年了。

又过了数十年，广东东莞人翟溥福于1438年被任命为南康军郡守，他对"前贤讲学之所，乃废弛若是"深表惋叹，于是带头捐出俸禄，动员同僚，多方集资，加以重修，明伦堂就是在此时修建的。

明伦堂又名彝伦堂，为砖木结构，白寺灰瓦，人字形硬山顶，四开间，前有走廊。明伦堂是书院授课的地方，故外悬挂有"鹿豕与游，物我相忘之地；泉峰交映，仁智独得之天"的楹联，以鼓励生员用心攻读，以获得"仁智独得之天"。

棂星门是在明成化年间由南康知府所建，后来的南康知府苏葵又再次重建。最初的时候，棂星门为木结构，后南康知府周祖尧建为石牌坊。

古代传说，棂星就是文曲星，以它命名，即意此处是人才辈出之地，为国家培养栋梁之材之意。门为花岗岩构建而成，六柱五间，中间刻有缠枝牡丹，下有石抱鼓护柱，饰有海波纹，刀法粗犷简练。

1465年，江西提学李龄会同南康知府何睿，再次对书院进行补修重建。此后，1497年和1501年又有两次修缮增扩。

1511年11月1日，文学家李梦阳书写庐山"白鹿洞书院"匾额。李梦阳，字献吉，号空同子，庆阳

俸禄 古代皇朝政府按规定给予各级官吏的报酬。主要形式有土地、实物、钱币等。我国古代俸禄制度的发展可分为3个时期。商周时期因官职同爵位相一致，并且世代相袭，俸禄实际上是封地内的经济收入，即俸禄表现为土地形式，封地的大小是各级官吏的俸禄标准。春秋末期至唐初以实物作为官吏的俸禄。

■白鹿洞书院棂星门

■ 白鹿洞书院建筑

都察院 古代官
署名。明清两代
最高的监察、弹
劾及建议机关，
1382年改前代所
设御史台为都察
院，长官为左、
右都御史，下设
副都御史、佥都
御史。又依十三
道，分设监察御
史，巡按州县，
专事官吏的考
察、举劾。

人，弘治癸丑年进士，历任户部山东司主事、贵州司
员外郎、广东司郎中等职。

李梦阳在江西提学副使任内，曾多次到白鹿洞书
院讲学，重修《白鹿洞新志》，并亲自作序。他在白
鹿洞书院所撰《宗儒祠记》石碑以及题于贯道溪的石
刻"砥柱""鹿洞"等仍保存完好。

明初，因朝廷重视科举，罢了荐士的旧制，致使
书院讲学之风几乎消失，书院一度衰落。而王阳明却
支持书院制度，所到之处，广收门徒，遍建书院。

1517年，王阳明任都察院御史，并得"荫子锦衣
卫、世袭百户"的奖赏。他到白鹿洞书院游览时，不
禁"徘徊久之"，他不知不觉走到了独对亭，此处乃
是观赏雄奇的五老峰的佳处。

此时，一股诗泉突然涌上了他的心头，随后写下

了《白鹿洞独对亭》一诗：

五老隔青冥，寻常不易见。

我来骑白鹿，凌空陟飞巘。

长风卷浮云，褰帷始窥面。

一笑仍旱颜，愧我鬓先变。

我来尔为主，乾坤亦邮传。

海灯照孤月，静对有余卷。

彭蠡浮一舴，宾主聊酬劝。

悠悠万古心，默契无可辩！

　　白鹿洞书院虽然荒凉，但毕竟是"天下四大书院"之一，它还会有再度振兴之日。王阳明陷入深深的思考之中。他认为，儒学及理学是救世的药方，然而理学经朱熹发展改造之后，有不少的谬误。

　　王阳明年轻时，曾一度崇拜朱熹，他21岁中举人，开始研究朱熹

白鹿洞书院报功祠

书院文化与教育特色

的"格物穷理"。朱熹认为，一草一木都涵有"至理"，必须一件件地"格"尽天下之物，才能豁然贯通，体会到完美的"天理"，以为圣贤。于是，王阳明站在独对亭前，从秋风中抖动的一丛翠竹开始"格物"。他观察了翠竹七天七夜，结果一无所得，却一下子病倒了。

此刻，王阳明顿然明白了，竹子的自然生长与朱熹的"天理"并没有相适之处，把自然现象与社会现象相比较是毫无根据的。王阳明在白鹿洞修道问学，为他后来创立心学奠定了基础。

离开白鹿洞后，王阳明回到南昌，他与朋友江西巡按御史唐龙谈及白鹿洞书院的凋蔽现状。唐龙拙守于朱熹的理学，对王阳明创建的心学以及他近来特别强调的"致良知"学说更是疑惑不解。

但是，唐龙对王阳明还是尊重的。这年夏天，唐龙听了王阳明关于庐山白鹿洞书院现状的叙述之后，来到了白鹿洞视察。他按照王阳明的《白鹿洞独对亭》的韵脚，写诗《次阳明韵》。诗写道：

■ 王阳明画像

五老隐云间，经年再相见。
乘月属清溪，攀萝度岑畎。
顿谐丘壑心，净洗风尘面。
山神灵不死，物理溢中变。
风雨剥樽彝，乌鼠逸经传。

驻迹望冥冥，永怀中眷眷。
鹿去主不归，酒热客自劝。
焉得抱尘游，居吁息妄辨。

■ 王阳明塑像

　　唐龙以唐代李渤在白鹿洞读书以来的衰兴，开导王阳明应该抛弃由于朝廷奸佞对他的诬陷而造成的思想负担，要洒脱一些。"五老隐云间，经年再相见。""焉得抱尘游，居吁息妄辨。"他相信，将与王阳明在白鹿洞相会，讨论学术。

　　唐龙在白鹿洞书院拜谒了孔子、朱子等圣贤像后，便访查书院的藏书，发现书籍多已散佚；查学田时，发现田亩也失去不少。唐龙认为，白鹿洞书院"无官综理，每年只是本府星子县编签门子二名，轮流看管，以致狼狈至此"。并认定，没有朝廷直接委任的官员来管理白鹿洞书院，是很不妥当的。

进士 意为可以进授爵位之人。我国古代科举制度中通过最后一级朝廷考试的人，就叫进士，是古代科举殿试及第者之称。唐朝时以进士和明经两科最为主要，后来诗赋成为进士科的主要考试内容。元、明、清时，贡士经殿试后，及第者皆赐出身，称进士。

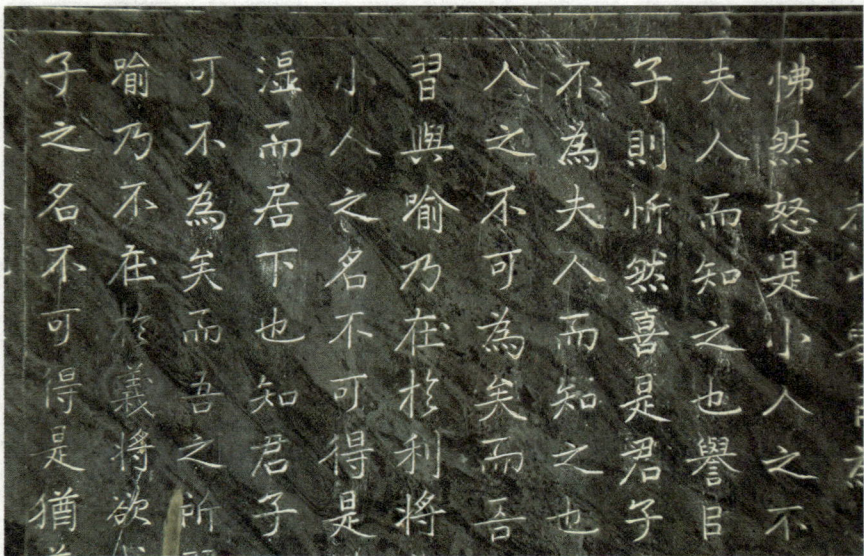

■ 白鹿洞书院碑刻

唐龙回到南昌后，便征求王阳明的意见，问他能否把他的学生蔡宗衮调来任白鹿洞主。此时的蔡宗衮已经47岁了，只比王阳明小两岁，是王阳明的老乡，王阳明在京师任"考功清吏司郎中"时，收纳了蔡宗衮为学生。

后来，蔡宗衮和王阳明的另一位学生舒芬，同榜中进士。王阳明对蔡宗衮说："入仕之始，意况未免动摇，如絮在风中，若非黏泥贴网。亦自作主张不得。……亦须有得力处耳。"而蔡宗衮说他的志向是当一个府学的教授，专门从事教化民心的事业。后经朝廷批准，蔡宗衮出任兴化府学教授。

此时，唐龙提出由蔡宗衮出任白鹿洞书院洞主，恰恰也符合王阳明的愿望。因为他正要把白鹿洞书院变成宣传他的心学的一个"得力处"。

1518年，王阳明以佥都御史巡抚南赣、汀、漳，他编撰《大学古本》和《中庸古本》，包括《大学古本序》和《修道说》，与朱熹学派商榷，并不远千里派人将手书"致之洞中"，刻于石碑上。

第二年，王阳明在击败并擒获了叛乱的宁王朱宸濠，"得濠簿籍，所记平日馈送姓名，遍于中外，多者累数万，少亦以千计……"之后，王阳明派兵进驻南康。

1520年正月，王阳明在开先寺李渤读书台旁岩壁刻石记功，后又来到白鹿洞书院。同年8月，唐龙奏请朝廷，请求派蔡宗衮专职任白鹿洞书院的洞主。

明武宗朱厚照同意了唐龙的奏请，从而改变了明朝把书院全都作为地方兴办的惯例，首先在白鹿洞恢复了由宋元时代由朝廷任命书院官员的传统。王阳明得知后，集门人讲学于白鹿洞书院，并留有大量诗歌，临行又捐赠钱款，嘱咐洞主蔡宗衮添置田亩。

朱宸濠（1479—1521），明代藩王，为宁王的第四代继承人，1497年嗣位。其高祖宁献王朱权是明太祖朱元璋的第17子。1391年封王，逾二年就藩大宁，其封地最初在长城喜峰口外，今内蒙宁城西边，1403年，改封南昌，以江西布政司官署为历代宁王官邸。

■白鹿洞书院建筑

■ 古代书院的学生

白鹿洞初有名无洞，1530年，南康知府王溱祭山开洞，并撰写《新辟石洞告后士文》。

嘉靖年间的南康知府何岩，雕石鹿置洞中，并作《石鹿记》："自唐以来，白鹿洞名天下矣！然历世既远，则鹿弗存，而洞亦圮"，"是诚有名而无实出"。所雕石鹿竖耳昂首，凝视前方，刀法简练。洞为花岗岩砌，呈券拱形，高4米，宽4.15米，深6.35米。洞右有石台阶，拾级而上，可登思贤台。

思贤台，筑于明嘉靖年间，后来，江西巡按曹汴建亭台上，寓"睹台思贤"之意，故名思贤台。台平面呈正方形，亭为木结构，平面呈正方形，歇山顶，双层斗拱托檐，中开一门，四边有木制花窗，前有花岗石围栏。台上四周有石板围栏，栏中镶有石刻，有衡崖书"理学渊源"、刘世扬书"思贤台"、秦大夔书"仰止处"、李资元书"空中楼阁，静里乾坤"。

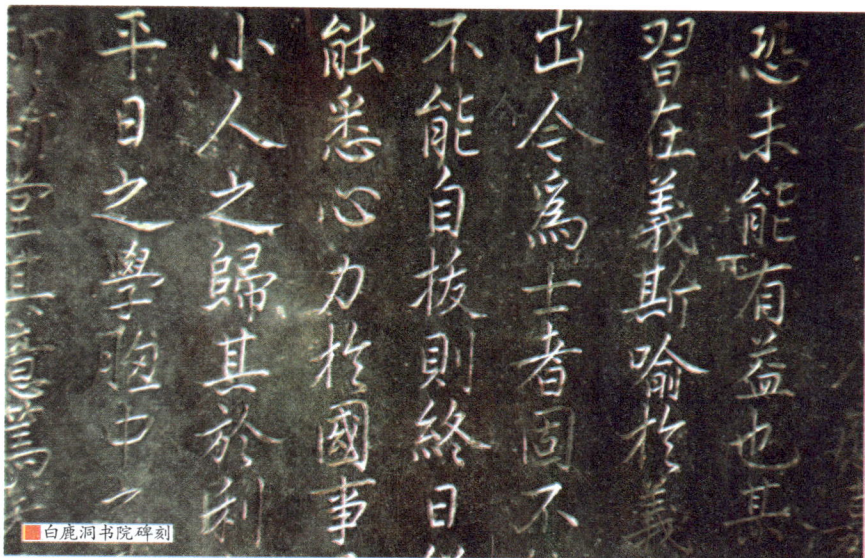
白鹿洞书院碑刻

到了明万历年间，大学士张居正出于党同伐异的需要，提出废除书院的主张，白鹿洞书院遭受重创。历来兴建书院的举措，莫过于购置田亩，以农林来养文教。

张居正以"充边需"为名，责令各地书院悉卖其院田，等于釜底抽薪，切断资金来源。幸好此项政策持续不太久。至1582年，张居正逝去后，院田才得以陆续赎回。1622年，南康府推官李应升主持洞事，书院又兴旺起来。

阅读链接

明代的白鹿洞书院不仅恢复了南宋的旧观，而且建筑规模和相关设施均超过已往而臻于完善，学员人数也一度达到500人之多。特别是1506年至1566年，是白鹿洞书院少有的持续一甲子即60年的兴盛期。

王阳明的弟子王畿来过，与王学分庭自立的湛学创主湛若水带领弟子也来过，都对书院赞誉有加。而尤以李梦阳对书院的贡献为大，留下的诗文墨迹也最多，门楣上的"白鹿洞书院"5个刻石大字，就出自他的手笔。

书院的兴衰和办学特色

康熙画像

到了清代，白鹿洞书院继承明代的规模，远近各省都有人来此求学。1646年，顺治皇帝决定兴复白鹿洞书院，重修了白鹿洞书院，礼圣殿也得到了重修。到了顺治中期，江西巡抚蔡士英又对书院进行修葺。

清代尤其是在康雍乾盛世，崇儒重道，表彰正学，白鹿洞书院又多次得到皇帝的褒奖。

康熙帝是一位很有作为的政治家，一生研读儒学，赞赏程朱，重视文教。1683年，江西巡抚安世鼎委命知府周灿重修白鹿洞书院，上奏赐予匾额与经书。

■ 白鹿洞书院礼圣殿

到1687年，康熙帝亲书匾额"学达性天"，赐给白鹿洞书院，同时还颁送了《十三经注疏》、"二十一史"等。

据《起居注册》载："学达性天"匾额共8面，同时赐予周敦颐、张载、程颢、程颐、邵雍、朱熹祠堂及白鹿洞书院、岳麓书院。

其意思是要学子求学达到符合人性和天理那样的一种崇高的境界。以后，康熙又陆续颁赐《古文渊鉴》《朱子全书》《周易折中》等书籍。

康熙帝赐给白鹿洞书院匾额及书籍之后，由南康知府周灿请建"御书阁"。阁为木构建筑，二层平面呈方形，周环走廊。二层正中有"御书阁"竖额。庑殿顶阁为木构建筑，翘角宏伟。

白鹿洞书院环境优雅，古树浓荫，阳光穿过树隙在地面上洒下斑驳的小光圈，风吹树动，光影摇晃，

儒学 儒家学说，起源于东周春秋时期，和"道家""墨家""法家""阴阳家"等为诸子百家之一，自汉朝汉武帝时期起，成为我国社会的正统思想。随着社会的变化与发展，儒家学说从内容、形式到社会功能也在不断地发生变化。

有如微波荡漾的湖水，显得环境清幽，风景宜人。

1714年，康熙帝还亲自召见星子县令毛德琦，优抚有加，委以重任。毛德琦回到任所后，不负圣恩，为白鹿洞书院增器具，清田亩，核书籍、严课考、修院宇、定规制、勤讲论，重兴文教，搜罗史料，终于修成清代首部《庐山志》和《白鹿洞书院志》。

之后不久，又对礼圣殿进行重建，礼圣殿是祭祀孔子及其门徒的场所，为宫殿式，平面呈长方形，砖木结构，以木柱支撑，石柱砌，浮雕缠枝纹饰。

殿中四柱三间，殿壁大木柱12根，以砖砌壁，周环以廊。殿平面长20.59米，宽24.44米，得重檐九脊，斗拱交错，灰瓦白寺，巍峨宏伟，气势庄严，殿外重檐正中悬有"礼圣殿"竖额。

殿内正中立孔子像，为唐代吴道子所绘。像下有石质神龛，有象征性的石香炉和石花瓶，上悬康熙皇

毛德琦 康熙五十三年任星子知县，康熙认为星子是朱子讲学之地，非能人不可为此处县令。毛在受职前得康熙接见，见并获肯定"此人去得"。毛来星子后，"廉明有惠政，以兴废举坠自任"，修府学、县学、修书院，重修樵楼，治理蒙花池，并且还修纂了《庐山志》《白鹿洞书院志》，其政声大著，后升遵化知州。

■白鹿洞书院景观

帝手书"万世师表"匾额，后壁左右有朱熹手书"忠、孝、廉、节"四字，殿中左右有线雕四圣，复圣颜子，述圣子思，宗圣曾子，亚圣孟子，左右两壁有十二贤。这里香火不绝，使书院的儒子气中添加了几分禅气。

书院的棂星门后是泮池，为学宫前的水池，泮池一般都是半月形，这里的水池原来是半月形，后来维修时，砌为长方形，上建卷拱花岗石拱桥，周围以花岗岩栏杆和栏板，原来叫作泮桥，后改名状元桥。泮池内曾种有荷莲，寓意出淤泥而不染，取自北宋理学家周敦颐的《爱莲说》。

■ 清朝乾隆皇帝朝服画像

礼圣门就是书院的正门，原称先师庙门，或称大成门。初为1182年朱熹出钱30万给予南康知军闻诗，叮嘱其所建的。

礼圣门门共10扇，木门廊式，为空心几何形图案，裙板为平面木板，两侧为阁楼，硬山顶，屋脊东西两头饰陶龙，正门四柱五间，全长22.10米，高7.30米，门楣上悬挂着"正学之门"的匾额。

接下来的乾隆帝也是一位开明之君，倡导汉学，罗致人才，专注于文修武备。1737年，乾隆帝下旨：

各地书院酌仿朱熹白鹿洞规条立之仪节，以检束身心。

重檐 在基本型屋顶重叠下檐而形成。其作用是扩大屋顶和屋身的体重，增添屋顶的高度和层次，增强屋顶的雄伟感和庄严感，调节屋顶和屋身的比例。因此，重檐主要用于高级的庑殿、歇山和追求高耸效果的攒尖顶，形成重檐庑殿、重檐歇山和重檐攒尖三大类别。

九江白鹿洞书院全景

皇帝下旨，地方官员自然不敢怠慢。南康知军董文伟，洞主章国录立《朱子白鹿洞揭示》碑于洞中朱子祠内，并附录了程端蒙、董铢两人的学规于后。

后来，乾隆帝还专作《白鹿洞诗》和《白鹿洞赋》各一篇，以示特别垂爱和赞赏：

> 李渤结庐后，绛帐开紫阳。
> 经纶归性命，道德焕文章。
> 剖析危微旨，从容礼法场。
> 祇今白鹿洞，几席有余香。

到了嘉靖、道光时，白鹿洞书院日渐衰落。

光绪时期，在书院的丹桂亭竖立"紫阳手植丹桂"的青石碑，亭子周围种有黄花丹桂，白花银桂。

1898年，光绪帝下令变法，改书院为学堂。

　　白鹿洞书院之所以能够历经千百年的荣辱兴衰而保留下来，与其独特的书院特色密不可分。白鹿洞书院的学规也称教条、揭示，明确地提出了教育方针和培养目标，对"为学、修身、处事、接物"有明确的规定。

　　学院施行"博学之、审问之、慎思之、明辨之、笃行之"的教育思想，提倡"言行一致、改过迁善、不谋私利、不计近功、宽以责人、严以律己"的道德修养，将教育方向及学习途径结合起来。

　　白鹿洞书院的学规是当时书院教育的楷模，形成了一个较为完整的教育理论，并成为南宋书院共同的准则，也为历代书院所仿效。在教学内容方面以研习儒家经典，弘扬理学为主，间亦议论时政。教学提倡注重自学，自由研讨，启发诱导，共同切磋，亦师亦友。

　　白鹿洞书院首创的讲会制度，是书院教学的重要方式。讲会有宗旨、有规约、有组织以及规定日期和举行隆重的仪式。讲学虽然以洞主、助讲、山长、副讲为主，但也邀请其他学派的代表人物讲学。允许不同学派讲会，进行问难、论辩。听讲的人也不受地域、学派、书

白鹿洞书院泮池

院的限制，听讲、求教、辩论，学术空气十分浓厚。

供祀是白鹿洞书院进行思想品德教育的一种重要方式，通过祭祀活动，祭奠对象有儒家"先圣""先贤"和书院有关的理学大师及各学派创始人，达到树楷模以励后学，见贤思齐，奋发自强的目的。

书院是学子们自由研究学问与讲求身心修养的地方，也是大师们为宣扬主张而经常现身说法的地方，白鹿洞书院的主持人叫作洞主，多由国家委派当时有名望的学者担任，负责书院的教学与管理。

正因为如此，坐落在江西庐山五老峰南麓的白鹿洞书院才能够声名大振，成为宋末至清初数百年的一个重要文化摇篮。

阅读链接

白鹿洞书院自创立之时起，一直很重视藏书建设。书院为了有效地利用藏书，曾订立了严格的规章制度，并设有"管干"专门管理图书，《白鹿洞书院院志》载生徒借书时写一票即借据留管干处，以便查考，还书时要销票。为了不误他人借阅，还规定了借阅期限，若书籍有损失，勒令赔偿。这种图书借阅规则加快了图书的流通，减少了图书的损失，提高了图书的利用率。

岳麓书院

岳麓书院位于湖南长沙湘江西岸的岳麓山，是我国古代著名四大书院之一。书院始建于976年，是潭州太守朱洞在僧人办学的基础上，正式创立的。这所誉满海内外的著名学府，历经宋、元、明、清的时势变迁，直到晚清改制为湖南高等学堂，可谓是"千年学府，弦歌不绝"。

岳麓书院是我国文化史、教育史上的骄傲，有着悠久的办学历史，培养了众多杰出的人才，在我国教育史上有着巨大的影响。

麓山寺奠定的文化底蕴

　　那是在西晋的时候，敦煌有位菩萨叫笠法护，他有位弟子叫笠法崇。笠法崇从小就聪明好学，立志要背下所有的经文，弘扬佛法。后来，他到湖南传播佛教，当他来到长沙湘江西岸的岳麓山时，见这里

麓山寺

风景秀美，于是在268年，创建了麓山寺。

竺法崇还是第一个到湖南传播佛教的僧人，此时距佛教传入我国仅200年的时间。麓山寺不仅是湖南第一所佛教寺庙，也是我国早期佛寺之一。

麓山寺左临清风峡，右饮白鹤泉，前瞰赫曦丹枫、长岛湘流，后倚禹碑风云、深壑林海。在此风景秀丽之地诵经传教，实乃人生一大幸事。竺法崇精通经学，尤擅《法华经》。

■ 陶侃画像

很快，竺法崇的名声便远播四方，以致"东瓯学者，竞往凑焉"。他与鲁郡的著名隐士孔淳之在岳麓山别游时，曾作诗曰："浩然之气，犹在心目，山林之士，往而不返。"

自竺法崇之后，麓山寺的讲学之风一直沿袭不绝。继开山祖师竺法崇之后，晋代驻锡麓山寺的高僧还有法导和法愍和尚。281年，法导来到麓山"大启前功"，对寺庙进行了修缮和扩建。

自晋以来，文人雅士们寄寓隐居、游息读书，也都喜欢选择到麓山寺，为这里增添了不少诗书气息。

东晋名士陶侃，字士行，出身贫寒。他初为县吏，后至郡守。永嘉五年任武昌太守。313年，他出任荆江州刺史。

陶侃任驻长沙时，每当在闲暇之余，常到岳麓山

《妙法莲华经》是佛陀释迦牟尼晚年所说教法，属于开权显实的圆融教法，大小无异，显密圆融，显示人人皆可成佛之一乘了义。在五时教判中，属于法华、涅槃之最后一时。因经中所宣讲的内容至高无上，并且明示不分贫富贵贱、人人皆可成佛，所以《法华经》也被誉为"经中之王"。

■ 麓山寺内景

游览，并且在山中建庵读书，修养性情。因庵前遍种杉树，人们称之为"杉庵"。

传说陶侃在岳麓山射杀了蟒妖，他遵照白鹤姑娘的遗愿，相约在50年后再相见。后来，耄耋之年的陶侃因政务耽误了相约之期。

为了践行承诺，陶侃在相约之处苦苦守候了九九八十一天，精诚所至，他终于见到了白鹤姑娘。菩萨为了阻断白鹤姑娘再生思凡之情，于是便叫陶侃从石门离开，陶侃被迫穿石而出，白鹤姑娘转身仅见一堵石壁矗立在眼前。因此，在岳麓山便留下了一个穿石坡。

在隋代的时候，著名天台宗创始人智者大师最初出家长沙的杲愿寺，他以传授《法华经》为己任，在麓山寺创建了一个鹿苑，进行讲学，讲授"不依于有，亦不附无"，"最上无过"的"第一义谛"，宣扬"心是诸法之本"等佛教思想。

鹿苑后来被改建成讲经堂，成为麓山寺讲学的重地，历代相传。到了唐代，摩诃衍禅师到麓山寺做住持，他便在鹿苑开讲南宗禅法，后来还将禅法传到了西藏，并在拉萨与印度高僧展开了辩论，将麓山寺佛门的学风远播到了西藏和印度。

在这个时期，位于岳麓山的道林寺也被改为了律院。初唐书法家欧阳询曾书"道林之寺"4字为额，称道林"为道之林也"。后唐时，马殷又对道林寺进行了重建，结构崇隆，廊院连云，鼎盛时寺僧达到300多人。

唐代著名将领马燧在道林寺旁建起了道林精舍，作为文士活动的地方。当时，也有人称道林精舍为"书院"，因为它是隐居读书之处，因此是儒家的活动阵地。

马燧，字洵美，据记载，其祖父马珉、父亲马季龙分别在武则天时代与玄宗朝身居要职。马燧自幼机敏，广涉群书，尤善兵法，有凌云大志。他在与诸兄读书时，曾掩卷长叹："天下有事，大丈夫当建功立业，以济四海，岂能矻矻为一儒哉！"

马燧走上仕途后，虽身为武将，但他仍不忘为文人学士做些事情，于是他兴建了道林精舍。

唐末五代智璇等二僧为"思儒者之道"，在麓山寺下割地建屋，建起了"以居士类"的学舍，而随后形成的岳麓书院就是在智璇办学的基础上诞生的。

阅读链接

道林寺所藏经书十分丰富，吸引了不少名士前往参拜。唐宣宗大中元年，沙门禅师获准往太原求取佛经，河东节度使司空卢钧、副使韦宙慷慨施之，共得佛经5048卷，于次年运回潭州，道林寺再度成为讲经重地。唐僖宗乾符年间，袁浩建四绝堂于寺中，后经五代马殷重建，借以保存沈传师、裴休、宋之问、杜甫四人为该寺留下的笔札和诗篇。另外，骆宾王、宋之问、韩愈、刘长卿、刘禹锡、张谓、沈传师、韦蟾、杜荀鹤、唐扶、李建勋、齐己等文人墨客都曾流连道林，留下了许多传世佳作。

北宋时闻名的岳麓书院

到了976年，朱洞以尚书的身份出任潭州太守。他在原僧人办学的遗址上，在岳麓山下的抱黄洞附近，正式建立起了岳麓书院。书院初设讲堂5间、斋舍52间。

岳麓书院一开办，就受到了官府的支持。书院经过不断兴建，也多是由地方官员主持，逐渐形成了岳麓书院办学的一个特点。

999年，李允则任潭州知州。李允则本是儒臣，是唐济南团练使李谦溥之子，少时就以才略闻，后以荫补官。李允则在任职期间，所到之处都致力为民办实事，"民皆称便"。

李允则任潭州知州后，对兴教办学身体力行。岳麓书院在他

李允则画像

■ 岳麓书院前门

的主持下，很快获得了扩建。他"尽获故书，诱导青衿，肯构旧址。外敞门屋，中开讲堂，揭以书楼，序以客次。塑先师十哲之象，画七十二贤……"还辟水田"供春秋之祀典"，使书院得到了进一步发展。

在此时期，岳麓书院正式定额为60余人，其他从学者不在此数，声名逐渐传播于三湘衡岳之间。

1001年，李允则上奏朝廷，为岳麓书院修筑舍宇，并且还请得国子监的《释文》《义疏》《史记》《玉篇》和《唐韵》等典籍。这是岳麓书院首次得到朝廷的赐书，引得四方学者纷至沓来。从此，"岳麓书院"成为北宋四大书院之一，名闻天下。

北宋王禹在《潭州岳麓书院记》中赞誉道："谁谓潇湘？兹为洙泗。谁谓荆蛮？兹为邹鲁。"把岳麓书院比之孔孟之乡的"洙泗""邹鲁"，潭州从此有了"潇湘洙泗"的美名。

李允则扩建后的岳麓书院，标志着岳麓书院讲

宋真宗（968—1022），即赵恒，宋朝第三位皇帝，宋太宗第三子，初名赵德昌，后改赵元休、赵元侃，997年继位，1022年驾崩，享年55岁，在位25年。宋真宗著名的谚语"书中自有黄金屋，书中自有颜如玉"目的在于鼓励读书人读书科举，参政治国，使得宋朝能够广招贤士治理天下。

岳麓书院大门

七十二贤 即孔门七十二贤。孔子是我国古代著名的思想家和教育家，也是儒家学派的创始人。据《史记·孔子世家》中记载："孔子以诗、书、礼、乐教，弟子盖三千焉，身通六艺者七十有二人。"这"孔门七十二贤"，是孔子思想和学说的坚定追随者和实践者，也是儒学的积极传播者。

学、藏书、供祀3个组成部分的规制的形成以及学田设置的开始，从而奠定了书院的基本格局。讲学是书院规制的首要内容，它包括讲堂和斋舍。讲堂是老师讲学论道的地方，斋舍除供学生住宿外，又是平时读书自习的场所。

李允则扩建书院时，确定了讲堂在书院的中心部位。以后书院屡有衰落和发展，中间设讲堂这一布局特点始终未变。藏书与书院的名称及由来有着密切联系。书院在唐代主要指藏书、校书之地，到宋代形成教育机构，但收藏图书典籍这一特点依然没有改变。

书院收集图书，正式建立了藏书楼，并将国子监经书藏于书楼。以后，岳麓书院又多次请得历代朝廷所颁经籍，藏书楼又有"藏经阁""尊经阁""御书楼"等名称，且大都安置在书院的显要位置，而且藏书楼是书院中唯一的楼阁建筑，显示出藏书楼在书院的崇隆地位。

供祀部分也是书院的重要内容。李允则扩建书院时设置了"礼殿","礼殿"又称"孔子堂",并"塑先师十哲之像,画七十二贤",增建了颇为隆重的祭祀设置。

此后,书院的祭祀很快发展为一种有特色的形式,它不仅供祀先师孔子,还供祀本学派的大师、有功于本书院的乡绅名宦,以及可仿效的忠臣、学者等。这样,书院的祭祀就发展为推崇学统、标榜学派,及对学生进行道德、礼仪教育的一种重要形式。

1012年,周式任岳麓书院首任山长,他"学行兼善,尤以行义著称",引得四方学子汇聚于此。

1015年,宋真宗赵恒认为岳麓书院办学很好,于是便召见周式,拜其为国子监主簿,请他留在京城讲学做官。但周式坚持回岳麓执教,不想留在京城

■ 岳麓书院御书楼

做官。宋真宗感其品格高尚，赐周式鞍马，并亲手题赐"岳麓书院"牌匾。

周式将御匾带回岳麓书院后，将之悬挂于书院大门的正上方。岳麓书院从此称闻天下，"鼓箧登堂者相继不绝"。

岳麓书院在周式的执掌下，从学人数和院舍规模都有了很大的发展，开启湖湘一脉浓厚学风。周式故后，乡贤云集追悼。

北宋时，长沙的南半部从长沙县划分出来，设置善化县，这"善化"之名因岳麓书院之盛，取意于"彬彬向善，倡化邑人"而得名。

在北宋岳麓书院的发展史上，不能不提到一位官职不高却很有见地的人，他就是朱辂。朱辂生于1070年。1097年，朱辂登进士第。

他初任湘阴县尉时，中书梁子美持宪节代皇帝巡视地方，军政令极其威严，地方官都惧怕他，不敢接近。但是朱辂却以小小的县尉身份，主动晋见。梁中书见他谈吐风生，胆识过人，颇有见地，是个难得的人才，于是想要推举他。

此时，湘阴县知县魏洙因旷废职责，要降为邻郡主簿。得到消息后，朱辂着官服持笏，到梁中书府衙中，对中书大人说："魏知县治

■ 岳麓书院大成门

岳麓书院二门

理虽然不像样，但也没有罪过。现在知县受降职处分，而我却蒙推举升官，人们都会说我出卖知县。请您停止对我的推举而宽待知县。"听朱辂如此一说，梁中书就更加赏识他了，于是便向皇帝推举了他，没有治魏洙的罪。

原先，长沙知府张舜民奏准从长沙县分5万户另立善化县，并亲自立了碑。当朱辂任善化知县时，朝廷臣僚分裂，互相倾轧，失势的派别被斥为朋党，遭到打击贬谪。张舜民被列为朋党之列，被贬至郴州任监税小官。

于是有人趁机要推倒这座碑，但是朱辂不同意，他说："这碑仅仅记录了设置善化县的由来，当时没有反对意见，现在有什么理由要推倒它？"于是这座碑保留了下来。

不久，朝廷派来使者，告诉朱辂说要将岳麓书院

知县 我国古代官名，秦汉以来县令为一县的主官，唐称佐官代理县令为知县事，宋常派遣朝官为县的长官，管理一县行政，称"知县事"，简称知县，如当地驻有戍兵，并兼兵马都监或监押，兼管军事。元代县的主官改称县尹，明、清以知县为一县的正式长官，正七品，俗称"七品芝麻官"。

岳麓书院自卑亭

改为鼓铸厂。朱辂冒着杀头的危险，以"乡校不可毁"为由，抗旨不行。结果，朱辂虽官微言轻，但由于岳麓书院早已声名在外，朝廷也只好作罢，岳麓书院也就得以留存了下来。

北宋后期，岳麓书院被纳入到了"潭州三学"的教育体制中。所谓"三学"，就是潭州州学、湘西书院、岳麓书院三位一体，分成3个等级，学生通过考试，以积分高下逐级安排升舍。官办州学学生考试成绩优良者可升湘西书院，最高者方可升至岳麓书院。

从北宋开始，岳麓书院名副其实地成为地方的高等学府。

阅读链接

岳麓山的自然风光占足了奇、珍、幽、美4个字，形成了柳塘烟晓、桃坞烘霞、桐荫别径、风荷晚香、曲涧鸣泉、碧沼观鱼、花墩坐月、竹林冬翠书院八景。而岳麓山的人文景观，那是岳麓山另一道亮丽的风景。千年学府岳麓书院，是三湘人才辈出的历史记录，而爱晚亭内那吟唱着"停车坐爱枫林晚，霜叶红于二月花"又留着一缕长髯的老夫子，那情那景更是让人流连忘返。

朱张会讲树立治学方式

到了1129年，太学博士胡安国父子与秦桧在政治上发生了一些矛盾，为了躲避靖康之乱，由弟子黎明引领，举家从湖北荆门来到湘潭隐山。

1131年，胡安国在创建碧泉讲堂，边撰写理学文章，边授徒讲学，得到4个儿子和弟子的共同参与及帮助，完成了《春秋传》30卷，《资治通鉴举要补遗》100卷，《文定集》等理学著作，开创了以"经世致用"等为灵魂的湖湘文化学。

1138年，胡安国逝世，他

胡安国画像

■ 岳麓书院的长廊

湖湘学派 一个源远流长的地域性儒家学派。南宋绍兴年间，因著名学者胡安国、胡宏、张栻等人的主要学术研究和传播学术思想的活动都在湖南，故得名。后来朱熹和张栻在长沙岳麓书院、城南书院主持讲学，使湖湘学派更加成熟。

的4个儿子继承和发扬父志，继续在碧泉讲堂等地授徒讲学。胡安国的季子胡宏继承父亲的遗志，上书权相秦桧，请求恢复岳麓书院，并自荐为山长，但没有得到秦桧的支持。于是，胡宏将碧泉讲堂扩建为碧泉书院，收徒讲学，以倡其说。

胡氏父子培养了一大批杰出弟子，包括张栻、彪居正、朱熹、毛舜举等人，形成了一个规模大、势力强、较稳定的湖湘文化学术群体，后人称为湖湘学派。当时，湖湘学派被称为天下最盛的一个学派，对学术界产生了重要影响。

胡宏在碧泉书院病逝后的第四年，也就是1165年，时任潭州知州兼湖南安抚使的刘珙决心复建之前因战乱被毁的岳麓书院。

刘珙是一位儒生，一生以尊儒重道为己任。他到潭州赴任后，"葺学校，访雅行，思以振之"。他授命郡教授郭颖主持重建岳麓书院之事。

经过不到一年的努力，岳麓书院不仅恢复了旧貌，且增山斋于堂北，为山长居住；置风雩亭于院南，供门人游息。同时，辟濯缨池、咏归桥、梅柳堤、船斋、浮桥等于江岸，扩大了风景环境。

岳麓书院修建完成后，刘珙聘请胡宏的得意门生张栻主持教事，彪居正任主管。胡宏的其他弟子也纷纷到岳麓书院授徒讲学。从此，岳麓书院成为湖湘文化的活动中心。

也就是在同一年，诗人刘珙在任湖南安抚使知潭州期间又修复了岳麓书院。岳麓书院修成后，由张栻主持书院教事。在张栻主教期间，岳麓书院发生了一系列重要变化。

教育宗旨的转变。张栻旗帜鲜明地反对以应付科举考试为目的，反对以汉唐的传注经学为教学内容，

刘珙（1122—1178），字共父，崇安人，生有奇质，从季父子翚学。以荫补承务郎，登进士乙科，监绍兴府都税务。请祠归，杜门力学，不急仕进。主管西外敦宗院。孝宗初，除诸王宫大小学教授，迁礼部郎官，作有《宋史本传》《朱子文集》。

■岳麓书院吹香亭

而提出书院应教育培养一种能"传道济民"的人才。

教学方法的转变。南宋以前，岳麓书院传习传注经学和文辞章句，以应付科举考试。这种教学内容决定了书院的教学方法不过是诵习辞章之类的呆板单一的教学方法。张栻主教，岳麓书院的教学内容发生了重大变化，"使四方来学之士得以传道授业解惑焉"，相应地教学方法更加灵活和多样化。

机构功能的变化。北宋期间，岳麓书院作为一个教育机构，主要是实现其教育功能。张栻主教书院之后，除了继续实现其教育功能外，又使它增加了学术研究的功能。

在教学过程中，张栻和学生一齐讨论学术上重要的、疑难的问题，从而推动学术研究的深入。其他不同学派的学术大师也在书院展开学术讨论，即会讲。

岳麓书院的这一系列特色，使它能够迅速成为闻名全国的学术基地，为学派的形成和发展创造了条件。湖湘士子闻风，纷纷来此研习理学。

这样，发端于衡山的湖湘学派又大盛于长沙岳麓。岳麓书院成为湖湘学派的主要基地后，它的办学规模、成就和影响进一步扩大，并发展到了全盛时期。

南宋岳麓书院的蓬勃发展，

张栻（1133—1180），字敬夫，一字钦夫，又字乐斋，号南轩，世称南轩先生，南宋汉州绵竹人。中兴名相张浚之子，幼承家学，既长，从师南岳衡山五峰先生胡宏，潜心理学。曾以古圣贤自期，作《希颜录》以见志。理宗淳祐初年从祀孔庙，后与李宽、韩愈、李士真、周敦颐、朱熹、黄干同祀石鼓书院七贤祠，世称石鼓七贤。

■ 岳麓书院校经堂

岳麓书院崇道祠

还与另一位著名理学家的讲学联系在一起，那就是朱熹。朱熹是南宋一位具有广博学问和深厚文化素养的学者，他的研究涉及哲学、经学、史学、文学、乐律、佛学、自然科学等领域，特别是集理学之大成，建立了包括天理论、心性论、格物致知论、持敬说在内的精密的理学思想体系，他的《四书集注》成为后世科举必读之书和标准答案。

朱熹来岳麓书院讲学有两次，一次是1167年的朱张会讲，一次是1194年的改建书院。

1167年，朱熹不远千里从福建崇安来岳麓书院讲学。朱熹当时就是一名颇有名望的学者，来听讲学的人很多，盛况空前，以致"一时舆马之众，饮池水立涸"，开创了岳麓讲学的风气。

朱熹和张栻讨论学术问题十分热烈，他们"举凡天地之精深，圣言之奥妙，德业之进修，莫不悉其渊源，而一归于正大"。尤其是对"中和""太

乐律 即音律。指音乐上的律吕、宫调等。古人将宫商角徵羽称为五声或五音，从宫到羽，按照音的高低排列起来，形成一个五声音阶，宫商角徵羽就是五声音阶上的五个音级，宫商角徵羽后来再加上变宫、变徵，称为七音。

■ 朱张会讲雕塑

太极 "太极"一词，出于《周易·系辞上》："易有太极，是生两仪，两仪生四象，四象生八卦。"太，即大；极，指尽头，极点。物极则变，变则化，所以变化之源是太极。太极与八卦有着密切的联系。太极是阐明宇宙从无极而太极，以至万物化生的过程。太极也是道教易学、道教哲学中重要的基本概念。

极""仁"等理学中的一系列重要概念进行了深入探讨。

谈得兴起时，两人竟通宵不眠。经过反复的切磋论辩，两人在"太极"等一些问题上的见解趋于一致，双方都得到很大的启发与收益。

在此期间，两人还举行了公开的辩论会，这就是著名的"朱张会讲"。朱张二人坐在岳麓书院的讲堂之上，就"中和""太极"等问题进行公开探讨，众学生则坐在下面旁听。这是一次真正的绝世高手的过招，仅凭只言片语，便触发风云涌动。

同时，这更是一次创举，体现的是"疑误定要力争"的追求真理的精神。于是，"朱张会讲"引来人们极大的兴趣，前来听讲者络绎不绝。

"朱张会讲"所展开的"中和之辩"，以朱熹接受湖湘学派的"性为未发心为已发""先察识后持养"等观点而结束。但会讲的影响力，却绵延几个世纪。"朱张会讲"之后，四方学生接踵而来，致使岳麓书院名扬天下，元代理学家吴澄在《重建岳麓书院记》中说：

自此之后……非前之岳麓矣。

同时，此次会讲纠正了此前湖南的文风。据言，当时湖南学者文字"辞意多急迫，少宽裕"，"全无涵养之轼"，而会讲之后，湖南人始知摒弃上述之不足，努力学习别人之所长，才"归于平正"。

更为重要的是，"朱张会讲"树立了自由讲学、互相讨论、求同存异的典范。这样的治学方式，值得推崇和借鉴。两人的观点互相影响、互相渗透、互相融合。因此朱张会讲闻名遐迩，传为佳话。

吴澄 字幼清，晚字伯清，学者称草庐先生，元抚州崇仁凤岗咸口人，元代杰出的理学家、经学家、教育家。他历任儒学副提举、国子监丞、翰林学士；及经筵讲官，并敕修《英宗实录》。他与当世经学大师许衡齐名，并称为"北许南吴"，以其毕生精力为元朝儒学的传播和发展作出了重要贡献。

千年学府

岳麓书院

■岳麓书院大成殿

朱张岳麓会讲还开创了不同学派会讲的先河。会讲的教学形式,体现了书院内各学派"百家争鸣"的特色,是书院区别于官学的一个重要标志。

1194年,朱熹任湖南安抚使再至潭州。在任期间,他着手振兴岳麓书院教育。

首先,他聘请了黎贵臣、郑贡生分别担任书院的讲书职事和学录。其次,增加了额外学生10名。其三,他进一步修建书院。此外,朱熹还为岳麓置学田50顷,向朝廷乞赐九经御书。

朱熹兴学岳麓,对书院影响最大的举措是颁布《朱子书院教条》,使岳麓书院第一次有了正式的学规。学规规定书院教育总的方针、培养目标、修身治学准则,以及日常作息生活规则等。

■岳麓书院古建筑

岳麓书院厅堂

到了乾道、淳熙年间，是我国理学的全盛时期，人物众多，学派林立，这种情况大大促进了书院的蓬勃发展。

到庆元年间，由于理学家被卷入"庆元党禁"而受到政治上的沉重打击，书院也就随之冷落下来。

党禁过后，理学又逐步开始抬头，地位迅速提升，传播理学的书院又兴盛起来。

1246年，理宗赐御书"岳麓书院"4字揭之中门，这是岳麓书院继真宗之后，再次得到赐额褒扬，对于岳麓书院传播发扬朱张理学，起到进一步的推动作用。

1250年，湖南转运副使吴子良聘欧阳守道为岳麓书院副山长，欧阳新为讲书，开讲"发明孟氏正人心，承三圣之说"，大力弘扬理学。张季子张庶、任张忠恕也先后在书院讲学。

庆元党禁 也称伪学逆党之禁，指我国宋代宋宁宗庆元年间韩侂胄打击政敌的政治事件。宁宗赵扩即位后，宗室赵汝愚以参与拥立赵扩有功升为右相，外戚韩侂胄迁枢密都承旨，两人嫌隙日深。不久赵扩下诏，订立伪学逆党籍。名列党籍者都受到了不同程度的处罚，凡与他们有关系的人，也都不许担任官职或参加科举考试，史称"庆元党禁"。

岳麓书院屈子祠

岳麓传播经邦济世之学、倡行伦理践履的学风，一直坚持到1275年，元军围困潭州，军情危急。湖南安抚使李芾率军民固守数月，矢尽粮绝。

在这场严酷的抗元斗争中，岳麓诸生毅然放下书本，荷戈登城，参加战斗，绝大多数学生都在这场守城战斗中壮烈牺牲，而盛极一时的岳麓书院也被损毁，被废为榛荆之地。但是，湖湘弟子所表现出来的民族气节，真实反映了湖湘学派爱国主义教育的深刻影响。

阅读链接

岳麓书院还以保存大量的碑匾文物闻名于世，如唐刻"麓山寺碑"，是730年，由著名的书法家李邕撰文并书写的，江夏黄仙鹤勒石刻篆，因为文、书、刻石都十分精美，所以向有"三绝"之称。碑高4米，宽1.35米，碑文共1400余字，此碑以其书法著名于世，最为艺林所看重，传拓碑文曾风靡一时，笔法刚劲有力，是最为著名的唐碑之一。

传道济民办学方针的传承

1286 年，元世祖忽必烈极力推动书院发展，将书院山长列为朝廷正式命官，制定了一套考选升迁的办法，吸引士人投身书院教育。

刘必大受命担任潭州学正之后，立即着手主持重建岳麓书院，并恢复了宋代时书院的旧观，湖湘学子重又云集于此，仅废10余年的岳麓书院又重新焕发了生机。

1314年，郡别驾刘安仁再次主持大修。这次修葺工程浩大，"门廊庖馆，宫墙四周，靡不修完"，"木之朽者易，壁之墁者圬，上瓦下甓，更彻而新"，"前礼殿，旁四斋，左诸祠，右百泉轩，后讲堂。堂之后阁曰尊经，阁之后亭曰极高明"。讲学有堂，藏书有阁，祭祀

岳麓书院正门匾额

有祠殿，游息有亭轩，其规制之整齐，规模之宏大，不逊于宋代。

这次岳麓书院的修复，引起了当时的著名理学家和教育家吴澄的关注。吴澄出生于儒学世家，曾从学于朱熹再传弟子饶鲁的门人程若庸，遂为朱熹后学、饶鲁的再传弟子。他与许衡同为元代名儒，号称"北有许衡，南有吴澄"。

■ 岳麓书院一角

吴澄自幼聪颖好学。自15岁时立志专务圣贤之学以后，先后拜程若庸、程绍开为师，长期僻居乡陬，孜孜于理学，"研经籍之微，玩天人之妙"。

1264年的秋天，吴澄陪同祖父前往抚州参加乡试。当时正遇上本州郡守邀请名儒程若庸先生到临汝书院讲学，这可谓是抚州儒学界的一大盛事。

程若庸从学于饶鲁，得朱熹之传。后历任安定、临汝、武彝三书院山长。景定时期正当南宋末造，士人大多以科举之业为务，而程若庸却潜心于理学，独以朱子之学传授诸生。

吴澄本来就专注朱学，现在又仰慕程若庸之名，于是便去临汝书院拜谒程先生。在书院外厅等待先生出来接见的时候，他发现四壁粘满揭帖，内容全是程若庸教诲学者之说，充分反映出程氏在理学方面的独特见解。

许衡 是元初我国北方的理学家、教育家，是金元之际南方理学北传的倡导人物之一。据《元史·许衡传》，他"凡经传、子史、礼乐、名物、星历、兵刑、食货、水利之类，无所不讲"。政治上，曾经多次被忽必烈召见，并参与制定官制、礼仪和《授时历》，但对实际政治的影响非常有限。

吴澄饶有兴致地细看了一遍，又将壁间话语默记心上。但是，他也察觉出程氏的一些说法并不完全符合朱熹学说，由此引起了他的怀疑和思索。

过了一会儿，程先生从书院的内堂走了出来。吴澄赶忙迎上前去，拜谒之后，便向先生请教。他问道："如先生壁间之书，以大学为高明正大之学，然则小学乃卑小浅陋之学乎？"如此这般，他一连质疑了好几个问题。

程若庸听后，不禁赞叹道：

> 吾处此久矣，未有如子能问者。吾有子曰仔复，与子年相若，可同学为友。

吴澄听先生如此一说，很是高兴，随即向程若庸执弟子之礼，继而经常往来于程氏之门。

程先生深知弟子吴澄于儒学必有所成，坚信其前途不可限量，但是其他的弟子却不以为然。后来，吴

宋理宗 即赵昀，南宋皇室宗亲，赵匡胤之子赵德昭的九世孙，原名赵与莒，1222年被立为宁宗弟沂王嗣子，赐名贵诚，1224年立为宁宗皇子，赐名昀。宋宁宗驾崩后，赵昀被权臣史弥远拥立为帝，史称"宋理宗"。宋理宗是宋朝的第十四位皇帝，在位40年，享年60岁。

■ 岳麓书院六君子堂

澄在理学上取得的巨大成就，证实了程若庸的慧眼识高徒。

吴澄还撰写了《重建岳麓书院记》和《百泉轩记》，以志其盛。

吴澄在《百泉轩记》中说：

> 书院之有泉不一，如雪如汞，如练如鹤，自西而来，趋而北，折而东，环绕而南，渚为清池，四池澄澄无发滓，万古涓涓无须史。息屋其间，名百泉轩，又为书院绝佳之境。

> 二先生(张栻、朱熹)酷爱是泉也，盍非士于玩物适性而已。

■ 岳麓书院百泉轩始建于北宋之初，地处岳麓山清风峡谷口，溪泉荟萃，乃岳麓书院风景绝佳之地。历代山长爱溪泉之妙，筑轩而居，享尽自然的天籁之音。1167年朱熹访院，与山长张栻"聚处同游岳麓"，"昼而燕坐，夜而栖宿"，都在百泉轩中，相传二人曾在此论学三昼夜而不息。

在这里，吴澄指出百泉轩的建设，不再满足"凡儒俗士""玩物性情"的欲求，而是意在陶冶心性。

在《重建岳麓书院记》中，吴澄回顾了岳麓书院历史和记述本次修复过程，总结了岳麓办学的优良传统，并提出自己的教育主张。

吴澄对书院的官学化、沉迷科举之风颇有微词，因而记曰："张子之记，常言当时郡

■ 岳麓书院百泉轩

侯所愿望矣，欲成就人才，以传道济民也，而其要曰仁。"所以他对张栻提出的"造就人才以传道济民"的教育方针极为推崇。

在记述中，吴澄提出不以"熟于记诵，工于辞章，优于进取"为目的，要求"审问于人，慎思乎己，明辨而笃行之"的教学程序。

在元代，岳麓书院坚持了吴澄的这一教学程序，使它有别于一般以科举为目的的官学化书院，因此盛名不衰。到了元末，战乱再起，岳麓书院于1368年再次毁于战祸，所谓"破屋颓垣，隐然荒榛野莽间，其址与食田皆为僧卒势家所据"。就是当时的写照。

明初，开国皇帝朱元璋奉行"治国以教化为先，教化以学校为本"的政策，重视地方官学的复兴，而不倡导书院教育，致使全国书院颓废，岳麓书院也因此沉寂了百余年。

朱元璋（1328—1398），字国瑞，原名重八，后取名兴宗。明朝的开国皇帝，结束了蒙元在中国的统治，平定四川、广西、甘肃、云南等地，建立了全国统一的封建政权。1380年朱元璋诛杀丞相胡惟庸，废丞相，设承宣布政使司、提刑按察使司、都指挥使司三司分掌权力，进一步加强了中央集权。

■ 岳麓书院碑

通判 我国古代官名。在知府下掌管粮运、家田、水利和诉讼等事项。通判是"通判州事"或"知事通判"的省称。宋初，为了加强对地方官的监察和控制，防止知州职权过重，专擅作大，宋太祖便创设了"通判"一职。通判则由皇帝直接委派，以辅佐郡政，可视为知州副职，但有直接向皇帝报告的权力。

到了明代中叶，学校出现了衰落迹象，"天下教官多缺，而举人又厌其卑冷，多不愿就"，有识之士莫不向往书院之教。成化年间，恢复书院之势渐渐兴起。1477年，江西象山书院恢复，民间书院再次形成高潮。在这一背景下，岳麓书院开始重建。

1432年，长沙宁乡任指挥佥事的周辛甫父子慷慨好义，捐修岳麓书院讲堂及道林寺田5.8公顷，使书院再次焕发生机。

之后又过了30多年，长沙知府钱澎再次兴复书院，但不久又废。1494年，长沙府通判陈钢组织修复岳麓书院，使得书院显现出原貌。

不久，长沙府同知杨茂元又与知府王绘在陈钢重建基础上，"辟道路，广舍宇，备器用，增公田，储经书"，书院到此基本恢复旧观，具备了重新开学的条件，结束了岳麓书院百年荒败的局面。

1507年，守道吴世忠率领府、卫、县官员及师生对书院进行了一次大规模的改向扩建。这次扩建，以所谓"风水"需要，进行了一次全面的勘测规划，调整了书院大门朝向及道路安排，使书院建筑群体与麓山地势、风景条件自然融合。

1527年，长沙知府王秉良又扩建了书院，这次建有成德堂及东、西两座讲堂。建筑设计妥当，形成了亭台相济、楼阁相望、山水相融的壮丽景观。

书院的讲学、藏书、祭祀三大功能得到了全面的恢复和发展，奠定了后世建筑的基本格局。嘉靖以后，明世宗对书院赐书、颁篇、置山长，对岳麓书院给予了充分的肯定和高度重视，岳麓出现"振美一时"的局面。

岳麓书院复兴后，迎来了浙江余姚人王阳明。当时社会矛盾尖锐激化，王阳明"知行合一"的思想和反对强迫灌输的教育观，受到了学界的欢迎。

早期王阳明因触犯太监刘瑾，而被谪贬到贵州龙场。途经湖南时，他先在醴陵靖兴寺和泗州寺讲学，再到长沙讲学于岳麓书院。他居住在岳麓山，为朋友和门徒谆谆讲解良知的学问。

当时，湖湘学派被人淡忘，需要振兴，而阳明先生的教化，使湖南又兴

守道　清初，布政使下设左右参政、参议，驻守在某一地方，称为守道。又按察使下设副使、佥事等，可巡视地方，称为巡道。乾隆时裁撤上述参政、副使等官，专设分守道、分巡道，带兵备衔，管辖府州，成为省和府州之间一级机构。

王阳明画像

王阳明（1472—1529），即王守仁，幼名云，字伯安，别号阳明。浙江绍兴人。因曾筑室于会稽山阳明洞，自号阳明子，学者称之为阳明先生，亦称王阳明，是明代著名的思想家、文学家、哲学家和军事家，陆王心学之集大成者，精通儒家、道家、佛家。集立功、立德、立言于一身，成就冠绝有明一代。谥文成，故后人又称王文成公。

■ 岳麓书院一角

起了许多有志之士。从此，王阳明的学问开始在长沙传播。

1530年，明世宗为岳麓书院御赐"敬一箴"，也就是程子四箴，显示出朝廷对书院的重视。1539年，王阳明的弟子季本来到长沙，他也是一位贬官，他在任南京礼部郎中时，因事被贬谪到湖南辰州，后又升任长沙知府。

在任期间，季本修葺岳麓书院，他自己捐赠学田6.8公顷，同知林华也捐学田3.3公顷，湘城第一次出现了大规模集资兴学的热潮。季本还亲自开讲岳麓，吸引了大批士生前来听讲。他进一步传播王阳明的学说，直到被罢官回乡。

在这期间，王阳明的弟子罗洪先也在岳麓书院讲学。罗洪先特别强调"良知"要义，认为"良知"二字，是阳明先生一生经验的心得。但他没有盲从王阳

明，对王阳明认为良知完全出于自然表示了不同看法，指出良知也与后天学养有关。他这种不盲从的品质，对岳麓书院的学生产生了一定影响。

明朝万历年间，王阳明再传弟子张无忮也到岳麓书院主讲，他对王阳明学说在湖南的流传，起到了推波助澜的作用。张元忮，浙江绍兴人。1582年，他应兵备道李天植的敦请，主教岳麓书院。

早在明代初年，张居正执掌宰相权柄后，一度调毁书院，禁止自由讲学。岳麓书院虽因其独特的文化地位而未被毁弃，但讲学之风早已停止。直到张居正死去，学院讲学之风才有所恢复。

王阳明及其弟子在岳麓书院的讲学活动，没有排斥尊程朱理学为正宗的湖湘学统，而是表现出二者相融合的倾向。不仅如此，张元忮对朱熹和张栻表示了极大的崇敬之情。因此，湖湘学派海纳百川、经世致用的传统得以保存下来。

王阳明及其弟子影响了许多后起的湖南学子，如以后任长沙惜阴书院和岳麓书院山长的长沙人吴道行，就是张元忮主讲岳麓时的学生。吴道行在聆听了张元忮的讲学后，衷心服膺，追随左右。他日夜发愤攻读，终于成了湖南著名学者。

吴道行，字见可，号嵝山，善化人，师从张栻。

■ 岳麓书院碑亭

程子四箴 即宋代大儒程颐所撰视、听、言、动四箴。明世宗推崇理学，亲自注解，颁行天下学校。1530年，岳麓书院得御制四箴及世宗亲撰的"敬一箴"，特建"敬一箴"亭保存。四箴碑现藏四箴亭内，其中《视箴碑》残缺严重，箴文全缺。碑分4块，每碑高46厘米，宽108厘米，字体正楷，碑四周雕有龙纹。

提督学政 古代学官名，简称"学政"，亦称"督学使者"，俗称"学台"。语出《周礼·春官》"大司乐掌成均之法，以制建国之学政"。清雍正年间始设，每省一人。是由朝廷委派到各省主持院试，并督察各地学官的官员。一般由翰林院或进士出身的京官担任。"提督学政"均是中央派各省主持乡试之官，三年一任。

他从小就对岳麓书院有倾慕之情，"方七岁，闻长老谈岳麓先贤讲学，便肃然倾听，指示古来忠义大节，辄色喜"，为先贤之忠义大节所感动。

1582年，张元忭在岳麓书院讲学，已逾而立之年的吴道行就学其门下，与之"大畅良知孝弟之旨，一时遂相引重"，深得张元忭的赞赏。

张元忭在岳麓书院讲学时，被张居正禁废的长沙惜阴书院恢复，吴道行被聘为山长，人称"嵝山先生"。1633年，吴道行任岳麓书院山长，长达10年，临终前两年仍讲学其间。

1641年，高世泰任湖广按察使提督学政，次年来岳麓讲学，并协助修葺书院。吴道行与高世泰成为至交好友，二人共同为恢复理学正宗，培养湖湘弟子而竭心尽力，他们的最大功绩是培养出了像王夫之这样的一代贤才。

■岳麓书院船山祠

王夫之在吴道行任山长、高世泰来院讲学期间，入岳麓书院肄业。在校期间，吴道行教以湖湘家学，传授朱张之道，较早地影响了王夫之的思想，形成了王夫之湖湘学派中的济世救民的基本脉络。在岳麓读书期间，王夫之与旷鹏陞等创立"行社"，他身体力行，致力于求学，学问大增，成为明代岳麓书院最杰出的学生。

在学术上，吴道行反对王学末

■岳麓书院亭廊

流的荒诞，"笃伦敦义，讲学穷理"，"自余著述，藏之家乘，扬之国华"。他的思想与提倡治国平天下为"有用之学"，与极力维护理学正宗的东林学派十分接近。

1644年4月，明王朝覆亡。吴道行"郁郁不自得，一日趋吉藩故邸，望阙痛哭展拜，舆归山中，不食而卒"。舆归也就是岳麓。

阅读链接

相传清代嘉庆年间，岳麓书院进行过大修，完毕之后，门人及当地文化人士请院长袁名曜题写大门对联，院长遂以"惟楚有材"嘱诸生应对。这上联看似简单，实则有一定难度。因为此联源于经典《左传》"虽楚有材，晋实用之"之语，这就要求下联也要用典。诸生遂埋头沉思，正在不得结果之际，贡生张中阶至，众人语之，张中阶遂应声对曰："于斯为盛"，众人甚以为妙。那么这"于斯为盛"又源出哪里？《论语·泰伯》篇云："唐虞之际，于斯为盛"，两相对应可谓珠联璧合，巧然天成。

山长王九溪和罗典的贡献

康熙雕塑

康熙

那是在1686年，正值康熙皇帝当政，把国家治理得井井有条，康熙强调兴礼教，他曾下诏说：

盛治之世，余一余三。盖仓廪足而礼教兴，水旱乃可无虞。比闻小民不知积蓄，一逢歉岁，率致流移。夫兴俭化民，食时用礼，惟良有司是赖。

康熙自幼就对儒家学说充满浓厚兴趣，认为"殊觉义理无穷，乐此不倦"，他在御制《日讲四书解

■ 岳麓书院崇圣祠

义序》中，明确宣布清廷要将治统与道统合一，以儒家学说为治国之本。

同时，康熙皇帝还曾多次举办博学鸿儒科，创建了南书房制度，并亲临曲阜拜谒孔庙。康熙还组织编辑与出版了《康熙字典》《古今图书集成》《历象考成》《数理精蕴》《康熙永年历法》《康熙皇舆全览图》等图书、历法和地图。

上行下效，在这种情况之下，全国的文化氛围都很浓重，湖南巡抚丁思孔率所属及士绅对岳麓书院进行了大规模重建，恢复了旧有格局。

随后，朝廷准了丁思孔所请，1687年春，御书"学达性天"匾额，并十三经、二十一史、经书讲义遣送到岳麓书院，因此建了御书楼。到清代中期，岳麓书院御书楼发展成为我国民间一座较大型的图书馆，藏书14130卷。

礼教 即礼仪教化，礼教是指中国传统文化中的礼乐文化，因礼教重视名分，又称为名教，就是以名为教。礼教思想统治影响华夏民族两千余年。对名教系统的破坏行为称为"僭越"。古人将"礼教"与"乐教"并提，它们的本义，不过是以礼为教、以乐为教。

蒋溥（1708—1761），清朝大臣、画家。字质甫，号恒轩，江苏常熟人，大学士蒋廷锡长子。善画花卉，得家传。雍正八年二甲第一名进士，官至东阁大学士兼户部尚书。他性情宽厚而警敏，任职后，精心奉职，勤于政事，是乾隆时期的一名重臣，亦是蒋派花鸟画艺术的重要代表。

之后，长沙郡丞赵宁在书院东面200米处的路旁建了一座自卑亭，以供行人歇足之用。后来到嘉庆年间，时任山长袁名曜改建于路中，扩建道路于亭侧，形成后世看到的格局。"自卑亭"三字为清代山长车万育题书，亭内嵌有《自卑亭记》等碑刻。

到了1733年，雍正帝发布上谕，扶持一些省会重点书院，称之为"省城书院"。岳麓书院和原长沙府城南书院被列为省城书院，每个书院给予帑金1000两，以示支持。其后，湖南巡抚等地方官多次拨款以作书院经费。

1743年，蒋溥任湖南巡抚，上疏请求乾隆赐额。乾隆御书"道南正脉"，以表彰书院传播理学之功。至此以后，岳麓书院得称理学"道南正脉"，四方求学者络绎不绝。

乾隆以后，由于乾嘉学派的影响，一些从事诂经

■ 岳麓书院的乾隆御书"道南正脉"匾额

考史的经学家主持书院，他们在岳麓书院研究和传播经学。其中，王文清就被乾隆皇帝授为内阁中书科中书舍人，奉直大夫，考录御史，世人尊称其为"九溪先生"。王九溪与衡阳王夫之、湘潭王闿运、长沙王先谦并称为清代湖南"王氏四大家"。

后来王九溪以父老乞请终养，在御史任上退休回乡，回湘后他潜心著述，以传播学术、振兴湘学为己任。1748年，王九溪被聘为岳麓书院山长，主讲书院达14年之久。王九溪很注意培养学生"通晓时务物理"和诂经考史的务实学风。

1782年，罗典被聘为岳麓书院院长。罗典，字徽五，号慎斋，湖南湘潭人。1747年乡试第一，乾隆十六年殿试传胪。他学识渊博，才高气正，治学严谨，育才有方，深得学生喜爱。

罗典非常重视书院的环境美化，精心策划建设了"岳麓八景"。他认为让生徒到大自然中去接受美的陶冶，不失为造士育才之良法。

在一次讲课过程中，他侃侃而谈植物的栽培之道。他说，种竹栽荷，"取其行根多而继增不息也；插柳或木芙蓉，"取其自生也"；种植桃李，"取其易实也"；移植紫藏、山踯躅，"取其发荣齐而照烂靡也"。

■岳麓书院拟兰亭

王闿运（1833—1916），晚清经学家、文学家。字壬秋，又字壬父，号湘绮，世称湘绮先生。1852年举人，曾任肃顺家庭教师，后入曾国藩幕府。1880年入川，主持成都尊经书院。后主讲于长沙思贤讲舍、衡州船山书院、南昌高等学堂。授翰林院检讨，加侍读衔。辛亥革命后任清史馆馆长。著有《湘绮楼诗集、文集、日记》等。

■ 岳麓书院汲泉亭

这种随意点评，寓教于山水花木之趣的教育方法，使生徒各依情趣和才智自由发展，不拘一格，充分发挥各自的创造精神。

罗典是位经学家，但是兴趣却十分广泛。他每年都要拿出自己的俸金，增修书院，岳麓山的柳塘烟晓、桃坞烘霞、桐荫别径、风荷晚香、曲涧鸣泉、碧沼观鱼、花墩坐月、竹林冬翠8景，都是他亲手指点加工修饰的。为了方便游客欣赏秋山红叶，他还在书院后面的清枫峡口上建了一座亭子，取名红叶亭。

有一年秋天，江南才子袁枚来到长沙，许多人仰慕他的名气，都赶来会见他。但是罗典却对他不屑一顾，他认为袁枚有官不做，到处游山玩水，生活不检点，写诗作文又标新立异，违背圣贤之道。

因此，罗典不但不进城去会袁枚，而且还怕袁枚找上门来，于是就在书院的牌楼上贴了副对联：

不为子路何由见，非是文公请退之。

子路姓仲名由，是孔子的学生。上联的意思就是："我不是和您一条路上的人，有什么理由见面

对联 也叫楹联或对子，是写在纸、布上或刻在竹子、木头、柱子上的对偶语句，对仗工整，平仄协调，是一字一音的中文语言独特的艺术形式。对联相传起于五代后蜀主孟昶，它是中华民族的文化瑰宝。

呢？"唐朝的文学家韩愈，字退之，谥文公。下联的意思就是："你袁枚不是韩文公一样有真才实学的人，还是请回吧！"

然而，过了两天，袁枚真的来岳麓书院了。他看了罗典的对联，立刻就明白其中之意了。但是他还是来到书院门口，递上拜帖。拜访别人时所用的名帖。

此时，罗典正在书院里整理文稿。他接过门人递上的帖子，连忙叫人传话说："山长病了，不能相见，请自便！"

罗典自己不接见，但是基本的礼节还是要有的，于是他派几名学生陪游袁枚。名为陪游，实为监督，罗典要求学生随时将袁枚的言论报告给他。

既然山长不接见，袁枚便信步游山去了。袁枚在游山时的言行及时地传到罗典那里。其中一个学生禀告说，袁枚很少介绍自己，而是向他们了解山长的治学方法。罗典听了，不觉一愣，感到袁枚并不像自己

牌楼 一种有柱门形构筑物，一般较高大。旧时牌楼主要有木、石、木石、砖木、琉璃几种，多设于要道口。牌楼是我国文化的独特景观，又是我国特有的建筑艺术和文化载体。最早见于周朝，最初用于旌表节孝的纪念物，后来在园林、寺观、宫苑、陵墓和街道均有建造，北京是我国牌楼最多的城市。

■ 岳麓书院牌楼

想象的那么轻薄。

不一会儿，又有学生禀告说，袁枚在山上和他们席地而坐，一起切磋学问，一点也不像个先生，倒像个年纪稍大的学生。罗典一听，颔首称赞道："看来他似乎是一个有真才实学的人啊！"

袁枚来到清风峡，只见这里三面环山，枫叶红得像火一样，中间开阔处有座亭子，此亭是石柱子、琉璃瓦，飞檐高挑。亭子的匾额写着"红叶亭"3个大字，柱子上刻着一副对联：

山径晚红舒，五百夭桃新种得。
峡云深翠点，一双驯鹤待笼来。

袁枚定睛看了看对联，不住地点头，他望望匾额，好像想说什么，但是又没说出口。随后，他离开清风峡，参拜了麓山寺，观赏了白鹤泉，登上了云麓宫，才兴尽下山。

袁枚在长沙住了几天，写了很多诗。说来也奇怪了，他对岳麓山上的景物都写了诗，唯独在《红叶亭》的题目下，只抄录了唐代诗人杜牧的一首绝句：

■袁枚画像

罗典 （1719—1808），字徽五，号慎斋，湖南湘潭人。罗典主持学政，不纯评论诗文优劣，而主要在培育人才。每于试前召集诸生讲学，试毕复行规功教诲。外出时，闻村塾读书声，即往视察，并予指教。性刚介廉洁，任工科给事中时，有部属冒领肥私，以银3000两贿典，典不纳，并痛加惩戒。

远上寒山石径斜，白云深处有人家。

停车坐爱枫林晚，霜叶红于二月花。

这分明是一首人人都背得出的诗，但是袁枚却把第三句抄脱了两个字，变成了"停车坐枫林"。这引起了长沙人的一片议论之声，跟从袁枚的岳麓书院的学生马上把这件事报告给山长罗典。

罗典听后，沉思片刻，不禁拍案叫绝。他大声对学生们说："袁公的学问真高啊，赶快打开中门，快请袁公！"

于是，袁枚被请到岳麓书院，被奉为上宾，还应罗典的邀请，进院讲学。随后，罗典又吩咐把"红叶亭"的匾额取下来，又亲笔题写了一块"爱晚亭"的新匾额挂上去。从此，罗典和袁枚成为了无话不谈的好友，红叶亭遂改名为"爱晚亭"。

琉璃瓦 我国传统的建筑物件，通常施以金黄、翠绿、碧蓝等彩色铅釉，因材料坚固、色彩鲜艳、釉色光润，一直是建筑陶瓷材料中流芳百世的骄子。我国早在南北朝时期就在建筑上使用琉璃瓦件作为装饰物，到元代时皇宫建筑大规模使用琉璃瓦，明代十三陵与九龙壁都是琉璃瓦建筑史上的杰作。

075

■ 爱晚亭

■ 爱晚亭前风景

《诗经·鹿鸣》 即小雅·鹿鸣，是先秦表现《诗经》题材的诗歌作品。《鹿鸣》是古人在宴会上所唱的歌，诗共三章，每章八句，开头皆以鹿鸣起兴。诗自始至终洋溢着欢快的气氛，它把读者从"呦呦鹿鸣"的意境带进"鼓瑟吹笙"的音乐伴奏声中。并且通过《鹿鸣》这首诗的简单分析，突显周代宴飨之礼包括宾主关系、宴乐概况等。

在岳麓书院，有一座"赫曦台"，赫曦台原建于1167年，朱熹到岳麓书院，与山长张栻进行学术交流时，两人经常相约登岳麓山观日出。

每当看到朝阳光芒四射，朱熹就对张栻说"赫曦"。"赫曦"就是日出光明炎盛的意思。朱熹于是就把岳麓山峰命名为赫曦峰，张栻筑台，朱熹题之为"赫曦台"。

赫曦台原是建在岳麓山顶的观日台，后来山顶的赫曦台荒废了。到了清代乾隆年间，岳麓书院的山长罗典在书院前面建了这座台。道光元年，山长欧阳厚均将此台命名为"赫曦台"，以纪念朱熹和张栻。

到了1807年，山长罗典在岳麓书院举行重赴鹿鸣宴宴会。鹿鸣宴，指的是古代的地方官宴请科举考试中的考官和中试的学生的宴会，因为宴会上通常都演奏《诗经·鹿鸣》从而得名。

重赴鹿鸣宴是指鹿鸣宴60年后而举行的宴会。在岳麓书院历史上，罗典是仅有的两个重赴鹿鸣宴的山长之一。在岳麓书院举办鹿鸣宴这一天，达官贵人、科场举子云集岳麓书院，大家谈古论今，吟诗作赋，热闹非凡。

正当大家在兴头之时，一位身穿青布青袍，脚着草鞋的老道人来到院内，自称前来赴宴。结果受到了一些人的嘲讽。

正当老道转身要走的时候，一个文人清高傲慢地说道："这里是岳麓书院，哪里是你想来就来，想走就走的？"

听到这话，那老道反而不气了，他捋了捋胡须，环顾了一下四周，随后从墙边操起了一把扫把，蘸着地下的黄泥，"唰唰"两笔，就写成了一个"寿"字，之后便转身扬长而去，再也不见了踪影。

众人惊得目瞪口呆，大家回过身来看着这"寿"字时，觉得此"寿"苍劲有力，犹如龙蛇盘绕，非同凡响。

当罗典缓过神来，派人寻找道人时，却怎么也找不到了。于是，这个字就传为仙迹。赫曦台有左右两壁，只有右壁写了这个"寿"

岳麓书院赫曦台

赫曦台上的「福」字

赫曦台上的「寿」字

朗朗书院

书院文化与教育特色

字，谁也没有勇气去补左壁上的空白。没办法，山长罗典只好亲自出手，在左壁上写了一个"福"字，与"寿"相对称。

这个"福"字一笔写成，笔力强劲，形如猛虎下山。"福、寿"2字如龙腾虎跃，象征岳麓书院乃是藏龙卧虎之地。罗典五次连任，主持岳麓书院长达27年。岳麓书院在他主持下，发展达到了最高峰。

阅读链接

南宋末年，元兵南进，岳麓书院亦遭兵祸。尹谷不顾个人生死安危，仍率领学生聚居而学。大将阿里海牙兵围长沙，尹谷为示抗击之志，鼓励学生及全城将士、百姓奋勇参战，全家纵火自焚。尹谷死后，学生甚感悲痛，"诸生数百人往哭之"。学生在老师的行动感召下，与守城将帅一起"乘城共守"。后来，不幸城被攻破，大批学生战死。《南轩学案》城："死者无算"，表现出英勇不屈的爱国主义情愫。200多年后的明代，著名文学家李东阳至岳麓书院游历，追述此事时尚说："潭人至今道其事，犹慷慨泣下"深深为之动容。

学院的繁盛和学制变革

　　1778年，在湖南安化陶姓人家，出生了一个男孩，家长取名叫陶
澍。陶澍自幼受家风熏陶，聪颖好学，在乡里素有神童之称。

　　8岁那年，陶澍随父就读岳麓书院，父子同窗，勤奋向学。受岳麓

■岳麓书院风景

岳麓书院抱鼓石

陶澍（1779—1839），字子霖，一字子云，号云汀、髯樵，清代经世派主要代表人物。官至两江总督加太子少保，任内督办海运，剔除盐政积弊，兴修水利，设义仓以救荒年，病逝于两江督署，赠太子太保衔，谥文毅。著有《印心石屋诗抄》《蜀輶日记》《靖节先生集》《陶文毅公全集》等。

风气的影响，"为学以程朱为宗"，好谈义理，但又注重经世，深受山长罗典的喜爱。

1800年，陶澍父子同赴长沙乡试，陶澍考中举人，而其父落榜。1802年，24岁的陶澍参加会试考中进士，得到授翰林院编修的官职，从此步入仕途。

1805年的春天，26岁的陶澍以监察御史的身份上疏弹劾吏部重签、河工冒名及外省吏治积弊等，轰动朝野，引起朝中大臣和地方官员的一片恐慌。

正在陶澍严查吏治的时候，传来了陶父去世的噩耗。于是，陶澍不得不回乡守孝。在守孝期间，陶澍应澧州学正之邀，来澧阳书院担任主讲。在澧阳书院的3年，陶澍对当时和以后的办学都产生了积极而深远的影响。

陶澍认为"树人如树木"，应有"金可炼、垂滴石穿"的精神，才能办好书院教育。他常以车武子"囊萤苦读"、范仲淹"先忧后乐"等典范教育诸生，颇得各方赞誉。学生们听了陶澍先生讲的故事，都深受启发，学习就越发的勤奋了。

陶澍始终是把培养士子和化民成俗、治事安民联系在一起的，因此十分强调教师的德行。他在澧阳书院主讲时，有位叫戴柏亭的人，德高望重，陶澍与他成为忘年交。他复职后，还专门写诗为戴柏亭贺寿。他特别强调育人者修身养性，廉洁自守。陶澍后官至两江总督，被道光帝嘉许为"干国良臣"。

在岳麓书院，有两块汉白玉抱鼓石，这抱鼓石就是当时书院的弟子、时任两江总督陶澍在搜查贪官曹百万家时发现的，他把它赠给了岳麓书院。

这抱鼓石也叫上马石，多摆在古代官宦人家门口。并不是说踩着它上马，而是你去往人家，看到这块石就必须下马，回去时到了这里才可以上马，以表示对主人的尊重。它的正面是三狮戏珠图，象征吉祥如意，反面是锦鸡芙蓉图，象征锦上添花，下面是鹭鸶青莲图，象征一路清廉的意思。

在清代任岳麓书院的山长中，欧阳厚均做得也非常出色。欧阳厚均于1789年至1791年就读于岳麓书院，从学于山长罗典。他在岳麓书院学习很用功，

吏部 我国古代官署，西汉尚书有常侍曹，主管丞相，御史，公卿之事。东汉改尚书常侍曹为吏曹，又改为选部，魏晋以后称吏部，置尚书等官。隋唐列为六部之首。长官为吏部尚书，副长官称侍郎，历代相沿。考功司掌文职官之处分及议叙，办理京察、大计。宣统三年清政府的责任内阁设立制诰、铨叙等局，吏部遂撤。

081

千年学府

岳麓书院

■ 古代讲学雕塑

岳麓书院潇湘槐市

与同窗"联步登堂，抠衣问字"，学业长进。1799年，欧阳厚均进士及第，担任陕西司郎等职。后厌倦官场，决意退隐。

1816年，52岁的欧阳厚均出任岳麓书院山长。此时，他已经认识到对学生进行全面培养的必要。当时科举盛行，学生专攻八股，一板一眼都有定格，内容也只能代圣贤立言，不能越雷池一步。

而欧阳厚均教育学生的作文方法却与之截然相反，他主张：

> 诸生骋研抽秘，各抒所长，或以理胜，或以气胜，或以才胜，平奇浓淡，不拘一体，总之惟其是尔。

他所归纳的为师必须"文行交勉，道艺相资"即是此意。具体来说，老师应在文、行、道、艺诸方面培养学生，这与专以八股制艺为内容的教学方法截然不同。

欧阳厚均弟子众多，多以节义功名显。左宗棠、江忠源、曾国藩、郭嵩焘均出其门下，他们皆为清代后期的经天纬地之才。

欧阳厚均

（1766—1846），字福田，号坦斋，安仁人，进士，曾就读岳麓书院。1818年被聘为山长，连续掌教达27年之久。先后获准记录8次，得旨议叙3次，屡受朝廷嘉奖。弟子数以万计，著录在案的弟子达3000人。

经过欧阳厚均几十年的努力，岳麓书院办学盛而不衰，高峰迭起。欧阳厚均也成为清代前中期湖湘地区最有创新精神的教育家和推动湖湘传统教育承上启下，向近代教育过渡的人物。

1831年，湖南巡抚吴荣光于岳麓书院内创办湘水校经堂，以经史、治事、辞章分科试士。后在1875年，湘水校经堂由岳麓书院迁往长沙城南。后再度迁建，改名校经书院。

在清代岳麓书院的历任山长中，丁善庆同罗典、欧阳厚均齐名。丁善庆，字伊辅，号养斋，湖南清泉县白沙里人。他因父亲早逝，从小就随母亲刘氏寄居于其外祖父翰林院大学士刘文恪公家。刘氏家教甚严，他主要接受的是儒家思想教育。

1846年，丁善庆辞官归乡，当年便被聘为岳麓书院山长。丁善庆任书院山长的第六年，书院毁于兵

■岳麓书院后门

经义 我国古代科举考试中的一种重要文体，它萌芽于汉唐，形成于北宋。经义与选举制度的变革和学术风气的变化有密切联系，对北宋后期的学风和士风产生了诸多影响。在古代文体史上，宋代经义文是明清八股文的雏形，它形成了一定的程式，在题型、结构等方面已经具备了八股文的一些特征。

■ 岳麓书院文泉

火，建筑全部被毁坏，多年聚藏的书籍也皆被焚毁。为重建书院，他积极倡议全省的官绅士民捐款修复岳麓书院。

倡议发出后，许多关心书院教育的人都慨然相助。其中，欧阳厚均的次子就捐赠300金作书院修复费。在极艰苦的条件下，丁善庆主持修复了20余处书院建筑。

1853年春，修复圣庙、御书楼、文昌阁、讲堂、斋舍、祠宇等地；咸丰五年修复半学斋；咸丰十年修复自卑亭；后来又修复三间大夫祠、贾太傅祠、李中丞祠；1865年重修爱晚亭、极高明亭、道乡台、崇圣祠、讲堂、二门；同治五年修复风雩亭、吹香亭、抱黄阁。

丁善庆任山长期间，还为恢复书院藏书作出了很大努力。他倡议社会名流、士林学者为书院捐书。湖南巡抚李瀚章，著名刻书家、藏书家陈仁子的后裔陈源豫，著名数学家丁取忠，还有曾国荃、俞锡霖等社会名流和官绅等都积极响应，将许多珍籍捐赠给岳麓书院。

丁善庆本人除带头捐赠藏书外，还以书院名义购置了数批图书。如《古今文学释珍》《诸子汇函》《壮学斋文集》等。至同治年间，岳麓书院御书楼的藏书又恢复到了相当的规模。

清末，岳麓顺应历史潮流，设译学、算学等科，增置时务和西学图书，进行了教学改革。

岳麓书院山长王光谦改革书院课程，将教学内容分为"经义"和"治事"两门，以增添算学、译学两门新的课程。此外，他还要求刻印宣传"新学"的《时务报》发给学生阅读。

1903年3月，新任湖南巡抚赵尔巽奏请改岳麓书院为学堂，并将由时务学堂改制的高等学堂迁入，合成湖南高等学堂。学堂强调以"研求中西学为主旨"，改建斋舍，初招预科二班，办文理二科。课程有经学、史学、国文、舆地、算学、物理化学、博物生理、英文、体操等。

至此，岳麓书院由一所古代书院演变为一所近代高等学堂。

斯文正脉

岳麓书院崇圣祠

阅读链接

岳麓书院传统爱国主义教育思想是在南宋时期形成的。当时的社会十分动荡，当时，著名理学家张栻主教岳麓书院，由此促进了书院教育中的爱国主义思想的形成。张栻的父亲张浚是南宋时期著名的统帅。张浚开府治兵，都督诸路军马，志在收复中原。张栻自幼追随左右，参佐军务，亲临战场，可谓忠勇双全。张栻主教岳麓书院后，积极宣传，并将之贯穿到教学活动和理学研究之中，深深影响了他的学生，以张栻为主形成了一个爱国主义湖湘学派团体，史称他们"见义必为，勇不可多""无日不战，无战不胜"。

行之有效的教育体制

　　岳麓书院作为私学，之所以取得社会公认的教育成就，因为它有一套逐步完善、行之有效的教育教学体制。它在山长选拔、办学经费来源、生源选招、教育目标确立以及教学管理方面，都有一套成熟的制度和方法。

岳麓书院一角

从经费来源来说，岳麓书院的教育经费主要靠租赁学田保证。1194年，朱熹为岳麓置学田333.3公顷，这是置办学田的开始。明代宣德年间，长沙宁乡任指挥金事的周辛甫父子捐资修复岳麓书院，并置办道林寺田5.8公顷。

嘉靖时期，长沙知州王秉良扩建书院，并捐置学田1.2公顷。次年，孙存继任，个人又捐学田4.5公顷，并请政府增拨公田96.6公顷，书院财力已相当雄厚。

之后，长沙知府季本大规模修整书院，自己捐赠学田6.8公顷，同知林华也捐学田3.3公顷，湘城第一次出现了大规模集资兴学的热潮。这一时期岳麓书院共有学田148.2公顷，其中私人捐助达22.2公顷，占15%。

除了学田收入外，岳麓书院办学经费的另一个来源是官府支持。比如在清雍正年间，清政府将岳麓书院等一批重点书院称之为"省城书院"，每个书院给予帑金1000两。

充足的教学经费为书院师生提供了良好的就读环境和生活保障。根据史料记载，1763年，岳麓书院山长的年收入为白银465两，学生则享受政府全额奖学金，每年收入白银11两。

书院山长的人选也非常重要。山长即院长，是书院教学、行政的主持者。宋以后，书院大多沿用山长

■ 岳麓书院慎斋祠

学田 指书院和州县官办学校所用的田地，是我国封建社会学校教育的经济支柱。学校通常设有专门机构或委派专人管理学田，一般有3种方式，一是由学官管理，二是由乡绅地主管理，三是由学校生员管理。学田的经营方式几乎都采用租佃制，即丈量学田，招徕佃农，确定、收取租额，以佃租的方式收入资金。

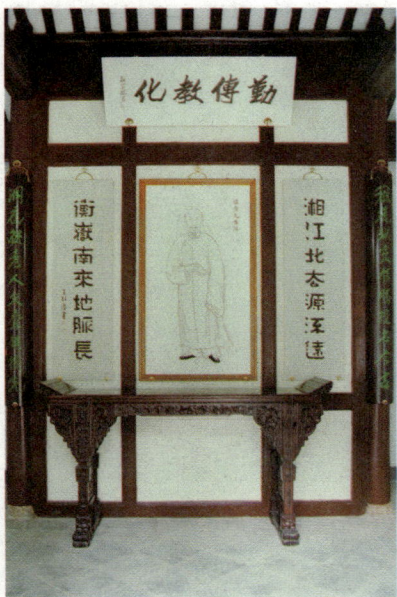
岳麓书院慎斋祠

之名。从字义上讲，"山长"有山中长老的尊敬之义。因当时书院聘请掌教之人，大多是学行兼优、居山林而不做官的学人，加之书院多依山林、择胜地而建，故有此名。

主持书院的大多是地方名儒，有一定的学术造诣，是由书院自己聘任的，而不是由政府任命的。这体现了书院办学者一定程度的独立性。后来即便政府控制了书院的教师选聘权，在具体物色人选时仍要考虑其学术声望。

书院实行山长负责制，所谓"山长"就是校长，山长的道德、学识和社会名望都得是出类拔萃的，历任山长不仅治学严谨，而且管理有方。

岳麓书院在当时属于高等学府，入院生徒对经史有一定了解，赋诗作文已有一定基础，甚至还要通过一定的考试或推荐才能选拔入学。"潭州三学"就反映了岳麓书院录取生徒的情况。

明代《岳麓志》记载：所谓"三学"，即指潭州州学、湘西书院、岳麓书院三位一体，分成3个等级。学生通过考试，以积分高下逐级安排升舍。官办的州学学生考试成绩优良者，可升湘西书院，最高者方可升岳麓书院，在"三学"中，岳麓书院为最高学府。

起初，潭州太守李允重新扩建书院之后的学生正式定额为60余人，到了北宋大中祥符年间，周式任岳

周式 宋代湖南湘阴人，千年学府岳麓书院首任山长，因品学兼优，诲人不倦而著名。在周式的精心经营下，岳麓书院学生由60多人增至数百人，开启湖湘一脉浓厚学风。周式潜心研究儒学经典精髓，据记载，周式著有《毛诗笺传辨误》八卷，《论语诸家解辨惑》十卷和《拾遗》一卷。

麓书院山长，将岳麓书院带入了北宋最为繁荣的阶段，很快就发展到学生数百人。到了清代，学生名额分正课、附课两种。乾隆时正课生增至68名，附课生增至35名，计103名。

嘉庆时又增附课生35名，生额总计138名，其后保持不变，有时也额外收些游学之士。因而，岳麓书院的住院生一般都保持在一二百人之间。

在生源稳定的情况下，岳麓书院以培养健康的道德人格、务实的治学精神和博学多思的治学方法为教学原则。张栻曾在《岳麓书院记》中强调，岳麓书院的教育宗旨是"传道济民"，也就是说，书院教育的目标就是要使每一个受教育者道德自我日臻完善并促成内在人格的完成，并且道德人格必须完成外在社会价值的实现。

岳麓书院在千年办学过程中，还一直将"务实""求实"作为追求的教育理念，主要体现在经世致用的价值取向、实事求是的思想方法、学贵力行的治学风格3个方面。

经世致用是岳麓书院一贯倡导的学术宗旨和教育宗旨。书院强调，一切学问必须有益于治国安邦、国计民生，才具有价值与意义。

岳麓书院里的"风荷晚香"

"务实"不仅是一种价值取向，也是一种尊重事实、追求真理的思想方法。无论是从事学术研究或从事教育，都应该引导人们从天地万物中探索这一真实的"理"或"道"，就是"实事求是"。

在治学中，要重事实、重归纳、重证据。后来发展演变为近代自然科学的实证精神。"学贵力行"的治学风格，就是将知和行看成是一个互相促进、不断深入的过程，即"知行互发""知行并进"。

同时，岳麓书院的师长们总是将广泛地获取知识学问，作为书院教育的重要目的。在这个基础上，"思"是从事实和知识中获得深刻全面的道理，也就是要穷究事物所以然的道理，要能提出疑问，以引发学者深入思考，解决问题。岳麓书院作为理学的基地，还提倡敢于怀疑的精神。

在长期的教学实践中，岳麓书院课程内容也相对固定，主要以哲学、史学、文学、文字学为主，也要学习应付科举考试的八股文和试帖诗等。

在明代陈论主教的期间，他潜心传播周敦颐及朱张等理学大师的

岳麓书院濂溪祠

■ 四箴亭

理学，还设"习射"课程，聘请长沙卫指挥杨溥度为教习。后来，到了清代，书院由民办逐渐演化为官办。

在祭祀方面，清代岳麓书院先后几次增设祭处，达29处之多，受祀者将近百人。后来，建文昌阁于讲堂之后，供奉文昌帝君，凡在院诸生考中功名者，悉得题名其间。又在院前土阜创建了魁星楼，并将原六君子堂改为岳神庙。

随着乾嘉考据学的兴起，岳麓书院往往由从事诂经考史的著名汉学家主持，学习内容也由理学转向经史考证。罗典任山长之后，"唯以治经论文，启诱后进"。道光年间巡抚吴荣光在岳麓书院增设"湘水校经堂"，专以研习汉学为主。后来，校经堂发展为校经书院，进一步发展了校经堂通经致用的务实学风。

清光绪年间，岳麓书院山长王光谦实施课程改

吴荣光（1773—1843），清代诗人、书法家、藏书家。原名燎光，字殿垣，一字伯荣，号荷屋、可庵，别署拜经老人、白云山人，南海人。1799年进士后改庶吉士，授编修。迁监察御史，以事革职。起授刑部员外郎、郎中，历陕西陕安道、福建盐法道，福建、浙江、湖北按察使，贵州、福建、湖南布政使，湖南巡抚，降福建布政使，以原品休致。

革，将教学内容分为"经义""治事"两门，以增添算学、译学两门新的课程。

1903年3月，新任湖南巡抚赵尔巽将由时务学堂改制的高等学堂迁入，合成湖南高等学堂。学堂办文理二科，课程有经学、史学、国文、舆地、算学、物理化学、博物生理、英文、体操等。

从岳麓书院的教学方式来看，岳麓书院不同于传统的官学的教学方式，摸索出了一套独特的、行之有效的教学方式。

岳麓书院强调学生读书自学，重视对学生自修的指导。朱熹曾对学生说："书要你自己去读，道理要你自己去究索，某只做得个引路的人，做得个证明的人，有疑难处共同商量而已。"为了指导学生自学，朱熹还专门制定了一套读书法。

岳麓书院对外坚持"开门办学"的理念。书院常年接待访问学者，允许外来人员旁听，并安排食

赵尔巽（1844—1927），字公镶，号次珊，又名次山，又号无补，清末汉军正蓝旗人，祖籍奉天铁岭。清代同治年间进士，授翰林院编修。后主编《清史稿》，"二十六史"之一。袁世凯称帝时，被尊为"嵩山四友"之一。

■ 岳麓书院大成殿内景

岳麓书院讲堂

宿。在这样的背景下，岳麓书院一直保持很高的教学水准和学术研究水平。

岳麓书院教学不受地域和学派的限制，允许不同书院、不同学派的师生互相讲学，互相听课，互相争论和交流，其中"会讲"就是岳麓书院独创的讲学形式。

会讲是岳麓书院的一种学术活动，不同学术观点的学派在或大或小的范围里进行探讨和论辩，学生也可旁听，既推动了学术研究又推动了教学。

岳麓书院既是一个教育机构，又是学术研究基地。书院均不以参加科举考试为目的，而以研究传播学问和道德践行相标榜。书院的创建者，主持人大多是一方有名的学者，他们担任主讲时，一般都是讲自己的学术心得，不少研究成果也是在讲学的过程中完成传播并取得社会承认的。

从教学管理方面看，岳麓书院采取比较自由的教学方法，一般由山长本人或其他教师十天半月讲一次课，其他时间以自学为主，自学中有什么问题随时可向教师咨询，或学生间互相讨论。

岳麓书院有明确的学规。岳麓书院的学规，最早源于朱熹的《书院教条》，到清代乾隆年间，欧阳正焕任书院院长时，提出"整、齐、严、肃"4字学规，具体为：

时常省问父母；朔望恭谒圣贤；气习各矫偏处；举止整齐严肃；服食宜从俭素；外事毫不可干；行坐必依齿序；痛戒讦短毁长；损友必须拒绝；不可闲谈废时；日讲经书三起；日看纲目数页；通晓时务物理；参读古文诗赋；读书必须过笔；会课按时蚤完；夜读仍戒晏起；疑误定要力争。

岳麓书院课程安排清晰有序，每月有几次严格的考核。考试后，对成绩优秀的学生进行奖励，对成绩落后的给予惩罚。

此外，学生还必须把自己每日读书的情况记在"功课程簿"上，山长定期亲自抽查。正是基于书院这些完善且行之有效的教育体制，才使三湘大地上人才辈出，历经千年，弦歌不绝。

阅读链接

清代许多著名山长均将经世致用之学摆到重要地位。王文清主持书院期间，制定了《岳麓书院学规》，将"通晓时务物理"作为教学内容。主教岳麓书院27年之久的山长罗典，也注意将品德教育与时务结合起来。他的教育主张是："务令学者陶泳其天趣，坚定其德性，而明习于时务。"岳麓书院的山长贺长龄，也是一个以讲求经世致用之学而闻名于晚清的重要学者，他和魏源主持编撰的《皇朝经世文编》成为推动晚清经世致用学风进一步发展的重要著作。经世致用的教学传统对于岳麓书院发展成为一所现代大学，起到了十重要的推动作用。

书院建筑的独到之处

　　岳麓书院作为闻名中外的书院，凝聚了我国古代许多建筑大师的心血和智慧，在建筑艺术方面也达到了一个高峰。

　　岳麓书院坐落于湖南长沙岳麓山脚下的清风峡口，三面环山，层

岳麓书院御书楼

峦叠翠，书院前临湘水，后枕岳麓山，依山傍水，四周林木荫翳，环境幽静雅致，自然景观与人文景观融为一体，高度协调。岳麓书院建筑的独到之处，可以用8个字来概括："天人合一，朴实无华"。

岳麓书院古建筑在布局上采用中轴对称、纵深多进的院落形式。从湘江西岸的牌楼口，直往山巅，早有古道连通，形成一条风景中轴线，岳麓书院就建在此中轴线上的中点。

院前有天马、凤凰二山分峙两旁，俨若天然门户，古代其前后有朱张渡、柳堤、梅堤、咏归桥、翠微亭等景点相伴；院后沿中轴线而上，有爱晚亭、舍利塔、古麓山寺、白鹤泉及后来修建的蔡锷墓、黄兴墓等著名景点，其他景点星布于中轴线的两侧。

书院的前门、赫曦台、大门、二门、讲堂、御书楼依次沿中轴线而建。文庙、专祠及半学斋分建中轴线的北侧；教学斋、白泉轩、园林、碑廊等分建于中

■ 岳麓书院屈子祠

■岳麓书院文庙

轴线的南侧。

中轴对称、层层递进的院落，除了营造一种庄严、神妙、幽远的纵深感和视觉效应之外，还体现了儒家文化尊卑有序、主次鲜明的社会伦理关系。

岳麓书院体现了典型的书院建筑特色。我国古代的书院，一般由三大部分组成，一是讲堂，二是藏书楼，三是祭祀的场所，而岳麓书院的这三大部分是十分齐全的。

讲堂位于中心位置，以突出其核心地位。中轴线的最后、也是整个书院之中地势最高之处是御书楼，显示其在书院之中的重要性，因为"书院"一词最早仅有藏书供人阅读之意。

在中轴线的西边，有以文庙为主的祭祀建筑群，这是按照儒家礼节之中的"左庙右学"来安排的。这几大部分，界限分明，各有特色，体现了我国古代书院建筑的特征。

文庙 纪念祭祀我国伟大思想家、教育家孔子的祠庙建筑，在历代王朝更迭中又被称作文庙、夫子庙、至圣庙、先师庙、先圣庙、文宣王庙，尤以文庙之名更为普遍。其数量之多、规制之高，建筑技术与艺术之精美，在我国古代建筑类型中，堪称是最为突出的一种，是我国古代文化遗产中极其重要的组成部分。

岳麓书院内景

从整体上看，岳麓书院朴实而不奢华。从构架上看不施斗拱，从装饰上看不求华丽，极少彩绘，一般显露结构特点和材料的本色，加以适当的油漆处理和重点装饰，更显民间特色和朴实风格。

岳麓书院三大部分各有其特征。讲堂是岳麓书院的核心部分，它的功能决定了它的样式。讲堂是岳麓书院讲学、讲会、宣教等重要礼仪活动之中心场所，容纳的人也是比较多的，所以，它是一个5间建筑，比较宽敞，而且它面对的庭院也开敞，增加了活动的余地。

讲堂也是最庄严肃穆的场所，为了起到教育的作用和显示岳麓书院的历史地位，里面有大量的匾额、对联、石碑等。

御书楼作为整个书院的灵魂所在，位于岳麓书院中轴线的最后，而且其地势是最高的，同时也是最幽静的地方。因为藏书楼一怕水、二怕火，所以它的楼层最高，而且在其前方有对称的两个水池，既起到了美观的作用，又有重要的实用功能。

文庙和其他祭祀性建筑，在书院中起到了传统教育的作用。由于是纪念儒家的先贤和对岳麓书院的有功之臣，所以按照儒家的礼仪"左庙右学"，建在了书院中轴线的西边。按照古代的统一规定，文庙用的是红墙黄瓦以显示其重要的地位。在建筑上，大成殿用的是二重歇山的屋顶，也显示了其地位的重要性。

岳麓书院的建筑不但有一般书院的特点，同时也突出体现了典型的湖南地方特色。像多采用歇山和硬山的屋顶，是湖南建筑的一大特色。岳麓书院多采用高大坚实的封火山墙，与其起伏多变、鲜明生动的天际线，和门廊、窗洞的点缀，形成强烈的对比。

岳麓书院的建筑体现出了深刻的湖湘文化内涵。它不同于华丽隆重的官学建筑，也不同于花哨的民间建筑，反映出儒教文化的精神和典雅朴实的格调。

岳麓书院还体现出含蓄幽雅的园林建筑艺术。建筑艺术就像写文章一样，不喜欢平铺直叙、一览无余。理想的建筑物不能够在一开始就能窥其全貌，要随着角度的变化，层层深入，逐步展露魅力。岳麓书院多用天井穿插、屏风隐蔽，形成了丰富多样的空间层次，给人以宁静幽深之感。

像从讲堂绕过屏风到御书楼，从御书楼下进到园林之中，从讲堂走到文庙，都给人以"山重水复疑无路，柳暗花明又一村"的感受。而庭院的连续，步移而景换，又给人以"庭院深深深几许"的好奇。

在这个园林里，溪流、树木、碑廊、房屋和谐统一、相互映衬，构成了一道自然和谐的风景。园林里，清新活跃，

岳麓书院后花园

岳麓书院风雩亭

体现了我国古代建筑统一中求个性，对称里有变化的原则。

岳麓书院中，水的运用恰到好处。古人造林，讲究水的运用，"七分水、两分竹、一分屋"。岳麓书院的水，是从岳麓山清风峡里引来的"活水"。

所以围绕这里的泉水，形成了几个景点，像"曲涧鸣泉""碧沼观鱼"。让水串联于其中，既使得各个部分有了连贯性，又使整座建筑有了活气和灵气，动静结合，相得益彰。

书院里的园林，与其他地方的还有所不同，书院的园林更加讲究寓教育于游息之中，通过环境气氛实现移情养性的功用。园林中既有诗情画意，又有碑刻铭文。既有清泉翠竹，又有各种轩、亭。这些碑刻含有碑记、箴言、警句、诗词、铭文等等，通过书法艺术的渲染，构成书院独特的装饰景观，营造了潜移默化的环境氛围。

阅读链接

作为一所古代的高等学府、教育机构，求学是学生们来书院的主要目的。岳麓书院的师长们总是将广泛地获取知识学问，作为书院教育的重要目的。南宋初，主持岳麓书院教事并在此发展湖湘学派的张栻，就非常重视"博学"的教育。他认为，天下万事万物，均有自己的道理，学生来书院求学，就是要探明天下万事万物的道理。他向学生反复强调这一点："盖君子于天下之事，无所不当究。"

石鼓书院

　　历史名城衡阳人文荟萃，石鼓文脉绵延千年。石鼓书院位于湖南衡阳石鼓山，是一座历经唐、宋、元、明、清的千年学府，始建于810年，已有1200年的历史。1035年，朝廷赐额"石鼓书院"，遂与应天书院、白鹿洞书院、岳麓书院并称全国四大书院。

　　作为湖湘文化的重要发祥地，石鼓书院在我国书院史、教育史、文化史上享有较高的地位。正所谓"石出蒸湘攻错玉，鼓响衡岳震南天"！

后人承先祖遗志创办书院

相传在汉代，三国武侯诸葛亮以军师中郎将的身份驻军临蒸，也就是衡阳，督办长沙、零陵、桂阳三郡军赋，就住在石鼓山上。后人为了纪念诸葛亮"鞠躬尽瘁，死而后已"的精神，在石鼓山的南面建"武侯庙"，后来被迁移至石鼓山上李忠节公祠旁，改名为"武侯祠"。

至唐代贞观年间，刺史宇文炫开发石鼓东崖西溪间为游览胜地，并题写"东岩""西溪"4个大字，雕刻于东西崖壁上。其后，刺史齐映于山之东建了一座合江亭。

贞观年间，韩愈出任监察御史，因关中大旱，他上奏朝廷减

韩愈像

免徭役、赋税，激怒了皇上，被贬阳山。直到21年后才被赦免，被派往江陵府任法曹参军。

韩愈在赴任途中经过衡州，刺史齐映在石鼓合江亭宴请韩愈。韩愈作诗《题合江亭寄刺史邹君》，诗云：

红亭枕湘江，蒸水会其左。瞰临眇空阔，绿净不可唾。维昔经营初，邦君实王佐。翦林迁神祠，买地费家货。梁栋宏可爱，结构丽匪过。伊人去轩腾，兹宇遂颓挫。老郎来何暮，高唱久乃和。树兰盈九畹，栽竹逾万个。长绠汲沧浪，幽蹊下坎坷。波涛夜俯听，云树朝对卧。初如遗宦情，终乃最郡课。人生诚无几，事往悲岂那。萧条绵岁时，契阔继庸懦。胜事谁复论，丑声日已播。中丞黜凶邪，天子悯穷饿。君侯至之初，闾里自相贺。淹滞乐闲旷，勤苦劝庸惰。为余扫尘阶，命乐醉众座。穷秋感平分，新月怜半破。愿书岩上石，勿使尘泥涴。

■韩愈塑像

监察御史 我国古代官名，582年改检校御史为监察御史，始设。唐御史台分为三院，监察御史属察院，品秩不高而权限广。宋元明清因之。明清废御史台设都察院，通常弹劾与建言，设都御史、副都御史、监察御史。监察御史分道负责，因而分别冠以某某道地名。

因诗中有"瞰临眇空阔，绿净不可唾"之句，合

■ 石鼓书院正门

韩愈（768—824），字退之，唐代著名文学家、哲学家、思想家、政治家，世称韩昌黎，晚年任吏部侍郎，又称韩吏部，谥号"文"，又称韩文公，后人对韩愈评价颇高，明人推他为唐宋八大家之首，与柳宗元并称"韩柳"，有"文章巨公"和"百代文宗"之名，作品都收在《昌黎先生集》里，成绩显著。

江亭又被称为"绿净阁"。地以人传，石鼓名声大振，成为文人骚客们的"朝圣"之地。

唐宪宗元和年间，享有"唐代八大诗人之一"美誉的衡州刺史吕温，在任期间又对合江亭进行了扩建装修。

810年，湖南有个名叫李宽的名士，他饱读诗书，颇有才学，但却对做官不感兴趣。当朝宰相曾推荐他入朝，被其婉言谢绝。为避免朝廷征召，李宽决意远走他乡。

一天，李宽无意中读到了韩愈写的《题合江亭寄刺史邹君》一诗，诗中描写的"红亭枕湘江，蒸水会其左。瞰临眇空阔，绿净不可唾"的美景打动了他。于是，李宽收拾行装，风尘仆仆地南下衡州，找到了城北蒸水与湘水交汇处的石鼓山。

他抬眼望去，只见山上树木葱郁，清幽静谧；低头一瞧，脚下绿水环绕，烟波如画。面对此情此景，李宽顿觉心胸舒畅，于是决定留下来做个隐士。李宽在山间搭建起一座小房子，取名"读书堂"，作为他私人读书的地方。

吕温对读书人格外尊重，他和文朋诗友的到来，为李宽的读书堂增添了不少的文化气息。李宽也绝不会想到，自己搭建的这间读书堂，竟然成为了我国古代最早的一座书院的雏形。

至宋代，李宽的后世族人李士真听说了先祖的这段故事后，心底不由得升起一股自豪之情和责任感。他给郡守写了一封信，表示愿意捐出家产，扩建先人李宽的读书旧址，让学者们能有一个传道讲学之地、读书人能有一个学习交流的场所。

李士真的义举得到了官方的支持，于是官民合力，把一个私人小草堂扩建成了一座公立学堂。

978年，宋太宗赵光义为"石鼓书院"敕额。由于慕名前来的名士、学子增多，书院专门选出一些德高望重的人负责日常的执教和管理事物。

1001年，宋真宗颁给全国各地官学、书院发送国子监印本经书。石鼓书院就摹印国子监及本道各州书籍供人研习。藏书十分丰富，涉及经、史、子、集，范围极其广泛。后来，名流学者云集石鼓书院，研习典籍经卷，来往不绝。

1035年，曾担任集贤殿校理之职的刘沆在衡州任知府，他将石鼓书院的情况上奏给仁宗皇帝，仁宗阅后，便赐额"石鼓书院"。此间，刘沆主持修建了书院。

石鼓书院禹碑亭

周敦颐（1017—1073），字茂叔，号濂溪，北宋著名哲学家，是学术界公认的宋明理学开山鼻祖。"两汉而下，儒学几至大坏，千有余载。至宋中叶，周敦颐出于舂陵，乃得圣贤不传之学，作《太极图说》《通书》，推明阴阳五行之理，明于天而性于人者，了若指掌。"《宋史·道学传》将周子创立理学学派提高到了极高的地位。

由于石鼓书院享有两度被宋朝皇帝"赐额"的殊荣，从而步入鼎盛时期，成为与应天书院、岳麓、白鹿洞齐名的全国著名四大书院之一。许多名流都到石鼓书院讲学，如文学家苏轼、理学大师周敦颐等。

1187年，理学大师朱熹、张栻在此讲学，朱熹作《石鼓书院记》。

《石鼓书院记》不仅让石鼓书院再一次"有声于天下"，再创辉煌，而且拓展了古代书院的教育理论体系，推动了南宋书院的进一步发展，促进了南宋理学的兴旺发达和学术文化的繁荣昌盛。

《石鼓书院记》在我国书院发展史上是一篇匠心别具的代表作，在书院文化传播上具有重要意义。

仁宗庆历四年，就是公元1044年，石鼓书院成为衡州路的官办学府，有正式教授一人，主要"以经

■书院里的石鼓

术教导"学生。1274年正月，湖南提刑文天祥驻衡州时，作诗《合江亭》，云：

天上名鹡尾，人间说虎头。春风千万曲，合水两三洲……

提刑宋若水继成，奉先圣先师之像，集国子监及本道诸州印书藏其中，请朱熹作记，告诫诸生要辨明义利，有志"为己之学"。

南宋开庆元年，书院毁于兵火。景定元年，提刑俞琰命山长李访"扫地更新"，"尽复旧观"，增辟园圃，仰高楼，取明德新民文章，为诸生丕扬其义，绝响再闻，士风作振。

宋代，石鼓书院进入鼎盛时期，学子求学的热情颇高，学风浓厚，留下了不少佳话。

元代，石鼓书院继续办学，但其田产于1292年为灵岩寺僧强占，经邓大白、王复、康庄、程敬直等历任山长长达62年争讼，才得归还。元代，石鼓书院是少有的受统治者重视的书院。山长们的讲学多是传播大师学说，他们倡导程朱理学，凭己意发挥阐释儒学经典。

元时，著名官宦学者伯颜、契玉立、李处巽、陈松年都题写过石鼓山水、书院诗文胜景，为书院平添了许多人文色彩，使元时石鼓书院仍然享有盛名。

阅读链接

时任刺史吕温也是一位风雅好学之士，他得知李宽结庐而居石鼓山的消息后，亲自去拜访他。与吕刺史同去的还有不少当地的学子士人，大家以文会友，互相唱和，你来我往，玩得不亦乐乎。吕温还将李宽的读书堂题名为"寻真观"，并作《同恭夏日题寻真观李宽中秀才书院》日记其事。

书院"王湛之学"的传播

　　到了我国明代的时候，石鼓书院再次得到了重视，也是恢复较早的书院。1413年，知府史中重修书院以待旅游学者，设礼殿祭祀孔子，乾张祠祭祀韩愈、张拭，书院在天顺、弘治年间均有修葺。

■ 石鼓书院正门及石阶

1509年，叶钊为山长，讲圣贤身心之学，道德之首，剖析疑义，阐发幽微，"时学者翕然云从"。大韶早年曾经求学于石鼓书院，致仕后"重返母校"，主讲石鼓书院，并参与编纂、重校首部《石鼓书院志》，为后世留下了极为珍贵的有关书院史料。

明代，石鼓书院理学传播盛行。王阳明、湛若水的心学兴起，吸引许多著名的理学家及其门徒到此讲学，石鼓书院俨然成为王、湛各派的学术大讲堂。嘉靖年间，湛若水两次率弟子来石鼓讲论"体认"之学。

石鼓书院内古碑

湛若水官至礼部、吏部、兵部三部尚书，属明儒理学的白沙学派，主张"随处体认天理"的理论，他与主张"致良知"学说的王阳明虽各立门户，但却是至交好友。

明嘉靖初年，王阳明游南岳，并在文定书院讲学。湛若水本来相约同游，但直到20多年后才来到南岳，此时他已经78岁了。此后，湛若水先后3次游历南岳，可谓"寿翁游寿岳，其乐无穷"。

湛若水第二次游南岳时，看中了紫云峰下一片风光独秀之地。此处群山环绕，清溪涓流，后山青松翠竹，曲径通幽，幽深处有迷人的紫云洞。

湛若水对衡阳情有独钟，原因在于南岳和石鼓书院是他心中传播和研究理学的圣地。湛若水先后5次

王大韶 字心雪，晚年自号衡岳野樵，明湖广衡阳人。青少年时期求学于石鼓书院，曾师从湛若水、蔡汝楠研习阳明理学，系蔡氏所称"朱陵六凤"之一。学识渊博，博古通今，致仕后曾主讲石鼓书院。

古代儿童学习场景

到石鼓书院讲学，传播心学，湖湘学子慕名而至，极大地推动了心学对理学的变革。

石鼓书院作为全国的学术中心，不但湛若水对它青睐有加，王阳明的弟子也对书院非常重视。1531年，王阳明的弟子邹守益慕名而来，讲学石鼓书院，阐述"致良知"的思想，从学者蜂拥而至。

邹守益，号东廓，江西邹氏，是江南极负盛名的名门望族，四代人中有7名进士，1名解元，5名举人，1名贡元。其中，以邹守益最为著名。他认为，教育是人后天赖以长进的最根本的途径，他把王阳明的"致良知"学说作为道德教育的根本，并对"致良知"作了充分的发挥。

嘉靖中期，邹守益讲学石鼓，著《教言》25篇，对识性、求实、时习、笃行、慎独、戒惧、格物、致知等作了精辟的阐述，成为诸生向学的至理名言。四方从游者踵至，被诸生尊为书院"山斗"。邹守益自己还创办了东廓书院。

"王湛之学"作为明代中叶的盛学，两派虽各立宗旨，但其门人弟子并没有太多的门户之见，王学门人可以卒业于湛学，湛学弟子可以受业于王学，王、湛二学结成了秦晋之好，这在我国学派林立的学术史上值得称道。

石鼓书院以及甘泉、白沙、东廓等书院，作为"王湛之学"最重要的传播平台之一，众多一流的学术大师交相辉映，一时名重天下，形成南宋之后的又一个鼎盛高峰。

1549年，知府蔡汝楠以书院为朱熹、张栻、湛若水、邹守益"过氏之地"，乃重整书院，订立规约，以学文敦行、辨声慎习、等伦常、识仁体训士，刊《说经札记》《衡汀间辨》《太极问答》等，"忘倦"达4年。同时，他还请赵贞吉、皮鹿门等"海内名公"讲学其中，诸士环听，"宛然一邹鲁洙泗之凤也。"

1612年，巡抚记事，观察邓云霄大修书院，以"铸士陶昆"、建有讲堂、敬义堂、回澜堂、大规模、仰高楼、砥柱中流坊、棂星门、风雩、沧浪、禹碑、合江诸亭，其他"殿祠号舍，罔不完葺"，规模极一时之盛。1642年，提学高世泰又对石鼓书院进行修葺。青年时的王船山更是多次写诗词颂扬石鼓书院。

明朝末年，学风兴盛的石鼓书院再次毁于兵火。

阅读链接

《国朝石鼓志》载，1172年殿试，石鼓书院登进士第的就有王居仁、邓友龙、邓友龄3人。1551年壬子乡试中，石鼓书院诸生李孟彰、王大韶、谭汝赓、徐应南、彭良臣、陶宾6人中举，史称"朱陵六凤"。

明末王船山、李国相、夏汝弼、管嗣裘、邹统鲁等高风亮节、博学多才者也出自石鼓书院。1880年庚辰会试，石鼓书院的祝松云、谭鑫振、杨依斗、陈鼎4人同中进士，其中1人殿试点探花，1人朝考选庶常。石鼓书院可谓人才辈出，"各领风骚数百年"。

发展成讲学式书院的楷模

到了1657年，桂王的永历政权内部发生矛盾，清世祖命经略大臣洪承畴率所部相机进取，洪承畴将石鼓书院当作军事指挥所。同年，偏沅巡抚袁廓宇上奏清廷，申请重建石鼓书院。

此时，山上建有合江亭、禹王碑、武侯祠、大观楼、会讲堂、忠节祠、七贤祠等建筑。其中，禹王碑上刻有奇特的古篆文，字分9行，共77字。因字体奇古，似蜷身蝌蚪，难以破译。传说碑文记述和歌颂了大禹治水的丰功伟绩。

1668年，知府张奇勋扩建石鼓书院。1689年，知府崔鸣再次扩建。清代书院实行科举化，石鼓书院成为传授举业、培养科举人才之地。石鼓书院的山长大都颇有名望，如旷敏本和林学易都是衡山县人，均为进士出身，都是石鼓书院历史上很有作为的山长。

旷敏本23岁中秀才。1723年，他被学使黎致远赏识，选拔为贡生。翌年被举贡进京入国子监肄业，候选知县，随即被考选充任景山内廷教习。在为人做幕客的数年中，他并未忘记功名进取，于1729年

考中举人。3年后，他又考中乾隆丙辰进士，并被选入翰林院为庶吉士。

1754年，湖南巡抚礼聘他出任长沙岳麓书院山长。3年后，他又遭母丧，于是离职还乡守丧。此后，他便长期住在南岳老家，专心从事读书著作，后出任石鼓书院山长，因学问精湛，出类拔萃，备受时人称颂，士子争以出其门下为幸。

林学易于1754年中进士，官至翰林院检讨，丁忧归家，不复出。1761年，他被聘为石鼓书院山长，连续执掌书院达15年之久。他是书院历史上较有成就的山长之一。

除任职石鼓书院外，林学易还先后在衡阳莲湖、衡山集贤、湘潭昭潭、永州群玉诸书院任职，其"品行、学问、文章为当时所钦"。

■ 石鼓书院的大成殿及孔子塑像

经略大臣 又称经略安抚使、安抚使、经略使、宣慰使、宣抚使等，是我国古代的官名。唐代边疆地区设"经略使者"，"观察使者"还兼经略使，宋代沿边大将都兼"经略"，此后大多经略安抚使统管军民。明代只称"经略"而不称"经略使"，官阶比总督略高。清代经略大臣在封疆将帅中居第一位，官阶一般为正二品或从一品。

　　石鼓书院的末代山长为曾熙，字季子，又字嗣元，晚年自号农髯。曾熙出身贫寒，两岁丧父，靠母亲为人缝补浆洗，艰难度日。他的外舅时常接济，并启蒙他识字。曾熙自幼聪慧，刻苦勤奋，故里一直都流传着"囊萤照读"的故事。

　　曾熙8岁能吟诗赋对，为人代写春联，在邻里周边有"神童"之誉。他20岁中秀才，31岁中举，43岁殿试中进士，官至兵部主事，兼任提学使，弼德院顾问。

　　1894年，甲午战争爆发，曾熙"投笔从戎"，抗击外敌入侵。在《马关条约》签订前夕，他积极参与康有为发起的"公车上书"，遭到清政府的排斥。

　　于是，曾熙转为"教育救国"，先后两次应湖南当局聘请，回湘主讲衡阳石鼓书院、汉寿龙池书院，并担任湖南教育学会会长、湖南南路优级师范学堂监督，被誉为"南学津梁"。

　　石鼓书院成为湖湘地区引人瞩目的儒学传播基地，并进一步发展成为我国古代"讲学式"书院的楷模，对湖湘文化的演变和发展作出了突出的贡献。

清乾隆衡阳县令陶易写有《石鼓书院》一诗，描绘了"英才荟萃"的景象，诗曰：

旷代儒风喜未颓，一时讲院尽英才。

双流环绕官墙肃，乔木阴森士气培。

祀典已崇新俎豆，诗篇长焕旧亭台。

自今游屦休嫌忧，绿竹西溪一经开。

1880年庚辰会试，石鼓书院的祝松云、谭鑫振、杨依斗、陈鼎4人同中进士。像这样的栋梁之材，还有清代的中兴名臣彭玉麟、衡阳第一个传胪彭述等，他们均有所作为。

彭玉麟，字雪琴，号退省庵主人、吟香外史。他在就读于衡州府城石鼓书院时：

旧袍散冠、三餐不继，然介然自守，未尝有饥寒之叹。

而此时，他的弟弟彭玉麒则尚未成年就跟别人去远方学做生意，多年不通音讯。面对窘境，彭玉麟只得放弃学业，在军营中谋了一份文书的职业，聊以奉养寡母。

然而，美玉始终不同于砾石，在这期间，彭玉麟遇上了生命中的第一

彭玉麟铜像

位伯乐，就是衡州的知府高人鉴。一个偶然的机会，高人鉴在军营中看到了彭玉麟写的一份文书，对他的文才与书法大加赞赏，于是招揽为门下弟子。自此以后，彭玉麟的人生路途才算顺畅了许多。

后来，一场轰轰烈烈的太平天国起义，把衡湘一群优秀知识分子推上了历史的前台。

清末，彭玉麟担任水师统帅，湘军首领，人称雪帅。他与曾国藩、左宗棠并称大清三杰，与曾国藩、左宗棠、胡林翼并称大清"中兴四大名臣"，湘军水师创建者、中国近代海军奠基人。官至两江总督兼南洋通商大臣，兵部尚书。

1853年9月至次年正月，曾国藩在衡州组建湘军水师，石鼓书院附近的水面成为中国近代海军的摇篮。

1902年，石鼓书院改为衡阳官立中学堂，1904年再改为湖南南路师范学堂。

后来，石鼓书院相继改为"衡郡女子职业学校"和"湖南省立第三师范学校"。因石鼓山地形狭小，无法满足新型学校要求，学校迁移，书院便成为游览、祈祀的名胜之地。

阅读链接

比山长资格、威望更高的是山斗，也就是泰山、北斗的合称，犹言泰斗。邹守益是明代大儒王守仁的高足，1511年中进士第一，授翰林院编修，累官至南京国子监祭酒。嘉靖中讲学石鼓，著《教言》25篇，对识性、求实、时习、笃行、慎独、戒惧、格物、致知等作了精辟的阐述，成为诸生向学的至理名言。四方从游者踵至，被诸生尊为书院"山斗"。旷敏本和林学易都是衡山县人，都是进士出身，都是石鼓书院历史上很有作为的山长。旷敏本被聘为岳麓书院山长后因学问精湛，出类拔萃，倍受时人称颂，士子争以出其门下为幸。

嵩阳书院

　　嵩阳书院位于河南登封，因地处嵩山之阳，故而得名。它深得中岳名山之秀，西邻少林寺，面对双溪河，背靠峻极峰，西依少室山，东临万岁峰，山峦环拱，溪水长流，环境幽美，景色宜人。

　　嵩阳书院以理学著称于世，以文化赡富、文物奇特名扬古今，是我国古代重要的儒家思想研究和传播之地。

　　嵩阳书院是宋代四大书院之一，是我国创建最早、影响最大的书院之一，也是我国教育史上一颗璀璨的明珠。

佛道文化奠定书院底蕴

那是在北魏孝明帝时期，有一个声名显赫的僧人叫生禅师，他旅居各地，宣扬佛法。有一年，他来到嵩山，为了更好地讲经说法就创建了嵩阳寺。后来，北魏司空裴衍隐居嵩山，继生禅师之后主持建造嵩阳寺，曾为寺主，僧徒多至数百人。后因魏武帝灭佛走向衰落，一蹶不振。

但是，嵩阳寺与当时就已经名冠天下的少林寺一脉相承、渊源极深，每年的九月初九，很多少林寺僧人都要来此朝宗。

612年，嵩山著名道士潘师正要为隋炀帝杨广修炼金丹，祝他长生不老。隋炀帝大喜，于是下令将"嵩阳寺"改为"嵩阳

唐高宗李治画像

观"作为炼丹的场所，后逐步发展为道教活动场所。

唐高宗时，高宗两次拜访潘师正，都以嵩阳观为行宫。

由于唐高宗体弱多病，当他听说嵩山的道士刘道合能炼九阳还丹的时候，便立即下诏在嵩山建太乙观，让刘道合居住。

刘道合是唐代的一名道士，陈州宛丘人，最初与潘师正同隐于嵩山。之后，高宗为了表示自己的诚意，特召刘道合入宫，并对他深尊礼之。

■ 潘师正画像

在封禅泰山时，久雨不停，高宗下令道合在仪鸾殿作止雨之术，不一会儿天便晴朗了，皇帝大悦。高宗又令道合驰传先上泰山，以祈福佑。前后赏赐，刘道合皆散施贫乏，未尝有所蓄积。

676年，高宗来到洛阳，召见潘师正，并请他制作佛书。潘师正以"道有所伸，贵有所屈，竟不屑命，对以无为"，借口不解而推辞。高宗又问他在山中所需可代予置办，以表安慰，潘师正说："茂松清泉，臣之所需，即不乏矣。"高宗深羡其志向高洁。

3年之后的679年，高宗驾幸嵩山，以车舆迎潘师正到嵩阳观相见，高宗恭礼迎见。面晤后，高宗又亲自送潘师正回到逍遥谷，并下令在逍遥谷中建隆唐观，岭上别起"精思院"，作为他的住所。

680年2月，高宗乘坐车舆步辇，在洛阳西宫与潘

司空 我国古代官名。西周始置，位次三公，与六卿相当，与司马、司寇、司士、司徒并称五官，掌水利、营建之事，金文皆作司工。春秋、战国时沿置。汉朝本无此官，成帝时改御史大夫为大司空，但职掌与周代的司空不同。

师正相见，看到96岁的潘师正，鹤发童颜，神采飘逸，高宗和武后十分高兴，当即称他为神仙。

高宗还降下制命，改嵩阳观为奉阳宫，并修建花园曲径直通隆唐观，还亲笔题额，逍遥谷口立门为"仙游"，隆唐观后苑立门为"寻真"，这二门的名字都是潘师正所起。

681年，高宗在东都金阙亭第三次会见潘师正，殷勤致礼，诚挚询问三洞、七真的奥义，潘师正一一作答，高宗特设御宴招待。且允准封师正为"天师"，在太子府第为师正建宏道神坛，在老君寿宫建元元观。宏道坛和元元观由潘师正取名，高宗亲笔题额。潘师正所传道教茅山宗，经高宗提倡，名满天下。

在书院的大门外左侧，立着一通被称为"嵩山碑王"的石碑，这座石碑由6块巨石组成，是唐代嵩阳观旧址的标志，全称为《大唐嵩阳观纪圣德感应之颂》碑。该碑通高9米，造型独特，雕刻精美华丽，是嵩山第一大碑。碑顶精雕二龙戏珠，由勾连缭绕的云盘托起，其下有脚踏祥云的麒麟。

唐玄宗李隆基画像

碑文记述的是唐玄宗李隆基命道士在嵩阳观为其炼丹的故事，由唐代书法家徐浩用大字隶书书写。

徐浩的书法笔意灵秀，端庄厚重，不愧为唐隶第一人。碑座四面雕凿石龛，龛内武士塑像神情威武凶悍，气势逼人，是唐代石刻成熟期的经典之作。

相传立这块碑的时候，

斩了3个登封县令，6个领工头目。话说嵩阳观内住着一位老道士，名叫孙太冲，道号"嵩阳真人"。他终日上山刨药，炼取仙丹，为人治病，疗效很好。为此，方圆百里的人都来嵩阳观取药治病。后来孙太冲就成了嵩山地区一位德高望重的道人。

一次，唐玄宗李隆基身染重病，久治不愈，他听说孙太冲炼的仙丹很灵验，于是就派大臣到嵩阳观讨取仙丹。玄宗皇帝吃了仙丹，疾病果然好了。

■ 嵩阳书院里的大唐石碑

为了纪念这件事，唐玄宗派了一个监工大臣，到嵩阳观立碑铭志，并从各地挑选出来许多能工巧匠。开工时，领作的石匠问监工大臣："碑做多高？多宽？多厚？啥式样？"监工大臣随口答道："碑越高越好，碑首要戴个帽，由嵩阳县知县监办，限工期100天完成。"

数百名工匠按照监工大臣的旨意，做了81天，谁知，碑做好了，立不起来。后来碑身立起来了，碑帽却戴不上，工匠们急得团团转，谁也想不出好办法。监工大臣为了催促尽快地戴上碑帽，一连斩了3个县官，6个领工头目，但碑帽仍然无法戴上。

最后，监工大臣亲自到碑前，对石匠下令说："再限你们3天，要不把碑帽戴上，就把你们统统杀

茅山宗 以茅山为祖庭而形成的道教派别，它宗承上清派，是上清派以茅山为发展中心的别称，它的实际开创者是陶弘景，他继承杨羲、许谧所传上清经，悉心搜求散失的杨、许手书上清经诀真迹，弘扬上清经法。经他及众弟子数十年的苦心经营，上清派的教理和组织逐渐完备。实际上，当时茅山已成为道教上清派的中心，后来上清派即被称为"茅山宗"。

嵩阳书院里的碑亭

掉。"说罢，袖子一甩，两眼一瞪，扬长而去。

石匠们听到命令，一个个愁眉苦脸，束手无策。正在无奈之际，忽然从东南方向来了一个老头，只见他走到碑前，这边瞅瞅，那边看看，笑眯眯的一言不发。

有个石匠对老人说："哪里来的师傅？你还是快些走吧！免得在这里跟着我们带灾。"

老头回答说："我也是个手艺人，走到哪里，吃到哪里，做到哪里，管他什么带灾不带灾，我快入土的人了，还怕个啥，还不是活一天少一天，啥时候土圆到脖子上，也就算完事。"那位老人说罢，转眼不见了。

这"土圆脖子"4个字使大家受到了启示，提醒了众位石匠。于是，工匠们就抬了大量的黄土，圆到石碑脖子的根儿，大家顺着土坡，把碑帽滚了上去，安到了碑身顶上，后将黄土挑走，完成了全部树碑任务。

据传，那个老头就是鲁班。从此，鲁班智立唐碑的故事，就在嵩阳观一带传开了。

五代时期，连年战乱，社会动荡不安，官办学校逐渐衰落，书院成了继承学统、薪火相传的"独轮车"。避乱世隐居林泉的鸿学大儒，纷纷依山置田建宅，聚书授徒。

嵩阳观延续了唐代以来的兴盛，观内聚集了一批有远见、有学问的道人。当时，进士庞式和南唐学者舒元、道士杨纳等人，在嵩阳观聚课生徒，为太乙书院在此创办打下基础。

955年，世宗柴荣根据名士所请，敕准设立"太乙书院"，这期间的著名学子有后来执掌朝纲的丞相吕蒙正和巴陵郡守滕子京等人。

后周时期，太乙书院成为儒学活动的中心。而太乙书院就是嵩阳书院的前身。

阅读链接

相传，汉武帝刘彻游玩嵩山时，见丛林中一棵柏树，高大挺拔、枝叶茂密，感叹之余，还赐封它为"大将军"。可是没走过20步，迎面又看见两棵大树，要比大将军大上3倍，汉武帝心中颇为懊悔。但金口已开，没法更改，只得封为二将军和三将军。三棵受封的大柏树，却都感到不是滋味。三将军柏本是嵩山最大的树，却只得了个"三将军"的称号，于是又恼又怒，一气之下枝叶枯萎，一命呜呼了！二将军柏感到，自己比大将军大几倍，却要居于树下，实在委屈，郁闷得把肚皮都气炸了，变成了空心树。大将军呢？它也深感受之有愧，没脸抬头见人，因而经常低着头弯着腰，不敢见人，所以，始终没有长过二将军和三将军。

洛学传播和书院的盛衰

那是春秋时期，颜回是孔子最为得意的一个弟子，极有学问。但是早年的颜回生活却非常困苦，吃的是粗茶淡饭，住在破陋不堪的巷子里，可是他却很快乐。

周敦颐画像

周敦颐要弟子程颢和程颐思考，颜回为什么心中如此快乐。他让程颢和程颐明白，儒家所追求的最高境界不是物质的满足。两人听完老师的这番教诲后，"遂厌科举之业，慨然有求道之志"。

年轻的程颢在周敦颐门下短暂学习后，就厌恶科举，立志发展新儒学。但他还是参加了科举考试，并于1058年进士及第，而程颐则在嘉祐四年应进士落第以后，不再应举。

程颐对老师周敦颐的思想境界十分推崇。有一次，程颐与自己的学生讨论颜回不改其乐的原因，学生回答说："乐道而矣。"程颐却说，颜回已经和道融为一体。周敦颐也是这样，他已经达到了个人修为的最高境界。

周敦颐继承了《易传》和部分道家以及道教思想，提出一个简单而有系统的宇宙构成论，即"无极而太极"，"太极"一动一静，产生阴阳万物。他主张人要以主静的方式进行修养，以达到中正仁义的崇高境界。这个学说成为周敦颐此后开办书院讲学，也是他教授弟子程颢和程颐的主要内容。

后来，程颢和程颐提出了"理"的哲学范畴，认为理存在于天地万物之中，"一草一木皆有理"。还认为理是"天理"，乃人类社会永恒的最高准则，并以此阐释封建伦理道德，把三纲五常视为"天下之定理"，形成了"洛学"。

洛学以儒学为核心，并将佛、道渗透于其中，旨在从哲学上论证"天理"与"人欲"之间的关系，规范人的行为，维护社会秩序。

"二程"创立的洛派理学，亦称为"新儒学"。

■ 程颢画像

程颢 （1032—1085），北宋哲学家、教育家、诗人和北宋理学的奠基者。字伯淳，学者称明道先生。河南洛阳人。学术上，程颢认为"仁者浑然与物同体，义礼知信皆仁也"，识得此理，便须"以诚敬存之"，倡导"传心"说。其所亲撰有《定性书》《识仁篇》等，后人集其言论所编的著述有《遗书》《文集》等，皆收入《二程全书》。

新儒学虽以儒家礼法、伦理思想为核心，但其张扬的孔孟传统已在融合佛、道思想精粹中加以改造，具有一种焕然一新的面貌，其学问以"明道"为目标。之后的理学大师朱熹、吕祖谦共同编辑的《近思录》，归纳其基本内涵有五：

> 一是探讨道体和性命为核心。二是以"穷理"为精髓。三是以"存天理、去人欲"为存养功夫。四是以"齐家、治国、平天下"为实质。五是以"为圣"为目的。

《近思录》依朱、吕二人的理学思想体系编排的，从宇宙生成的世界本体到孔颜乐处的圣人气象，循着格物穷理，存养而意诚，正心而迁善，修身而复礼，齐家而正伦理，以至治国平天下及古圣王的礼法制度，然后批异端而明圣贤道统。全面阐述了理学思想的主要内容，故此书实可谓囊括了北宋五子及朱吕一派学术的主体。

二程在嵩阳书院的讲学，开创了学术与书院相结合的传统，奠定了洛学的规模，也开了南宋书院和理学一体化的先河。

■ 嵩阳书院正门

嵩阳书院里的古碑

北宋科举取士放开做到了不论出身、贫富皆可参加，得中进士后的远大前程，刺激了士子们的读书热情，但内忧外患使统治者无力兴办官学，于是便采取了重取士而轻养士的政策。

995年，太宗赵光义向太乙书院颁赐印本九经书疏，后又御赐"太室书院"匾额，遂将"太乙书院"改为"太室书院"，同时设置校官一职。1010年，宋真宗向太室书院赐九经诸书。

1035年，宋仁宗在重修太乙书院时，将太乙书院赐名为"嵩阳书院"，拨学田百亩作为办学经费，并设院长管理院务。学生来书院念书，有书院供给伙食，"嵩阳书院"之名因而被历代沿用。

神宗熙宁、元丰时期，嵩阳书院名声日隆，生众达数百人。"洛学"的创始人程颢、程颐来到嵩阳书院、崇福宫讲学，主要用"洛学"观点宣讲《论语》《孟子》《大学》等书，各地学者慕名而来，如"群饮于河，各充其量"，嵩阳书院因此声名大振。

1072年，年逾不惑的程颢、程颐再次随父亲来到嵩阳崇福宫。由于崇福宫和嵩阳书院毗邻，程颢和程颐多次在嵩阳书院讲学。

程颐的弟子游酢学习勤奋，刻苦钻研，他也非常喜爱这个弟子。有一次游酢在诵读张载的《西铭》，读后说："这就是中庸的道理。"程颐先生称赞他有创见，能理解言外的道理，赞许他品质纯良，办政事能力超过别人。

吕大临、谢良佐也为程门弟子，吕大临先投张载，后投程颢和程颐求学。1066年，张载应长安京兆尹王乐道之邀到长安讲学。在讲学期间，"洛学派"代表人物程颢、程颐兄弟来也关中讲学，吕大临听后，觉得他们的学说很有见地，大为叹服。

张载去逝以后，吕大临便奔洛阳拜程颐为师。无论是师从张载，还是改随程颢和程颐，吕大临均享有极高声誉。

1078年，谢良佐拜程颢为师。当时，29岁的谢良佐已经很有名气了。他为了在学问上做出一番成就，于是专程到河南扶沟向时任扶沟知县的程颢求教学问。他初见程颢，程颢待以客人之礼，但谢良佐却说："我是来拜师问学的，愿做先生的弟子。"

程颢把他安排到了一个小屋里居住。这间屋子非常

■ 嵩阳书院里的"大将军"树

简陋，房顶漏雨，四壁透风。时值寒冬，北风怒吼，晚上没有蜡烛照明，白天没有炭火取暖，但他对此毫不在意。

谢良佐严于律己，修身甚谨。他每天写日记，对所做之事经常反思，如有违背就自己惩罚自己。他说："要克制自己，必须从本性最难克服的地方克服。"认为修身的最大障碍在于有"矜"和刚愎自用、自欺欺人的心态。

在与程颐分别一年后，师生二人相见，程颐问谢良佐："一年来有何进益？"

■ 谢良佐画像

谢良佐答道："唯去得一'矜'字。"程颐高兴地说："这足以证明你的用功，你已经学会独立思考了。"从此，"良佐去矜"便成为一个千古佳话。

程颢和程颐在嵩阳书院讲学10余年，对学生平易近人，宣道劝仪，循循善诱。讲学期间，程颢还亲自为嵩阳书院制定学制、教养、考察等规条。

程颢和程颐以"兴起斯文为己任"，却"压科举之习，慨然有求道之志"，"于书无所不读"，"出入于老释几十年，返求诸六经"。他们诲人不倦，弟子有"如坐春风"之喻，相继在此讲学30余年，过着淡泊的生活。

时值宋朝中期，王安石变法成功，触动了当朝权贵的利益，权贵们纷纷离朝隐居。因嵩阳书院靠近汴

《西铭》原名《订顽》，为《正蒙·乾称篇》中的一部分，张载曾将其录于学堂双牖的右侧，题为《订顽》，后程颐将《订顽》改称为《西铭》，这才有此独立之篇名。此篇之核心思想在于以乾坤、天地和父母为一体，并以乾坤确立起感通之德能，从而阐明此德能如何从个体之身位向家庭或家政展开，并且推达到天下。

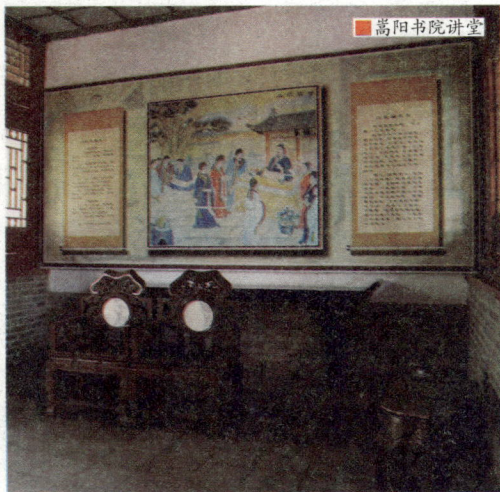
嵩阳书院讲堂

京，故文人学士云集于此，著书立说，传徒授艺。

自此，嵩阳书院在传授理学方面名扬一时。范仲淹、司马光、杨时等均曾在此执教，而司马光的巨著《资治通鉴》的第9卷至21卷就是在嵩阳书院完成的。

理学由宋代草创开始，直到南宋末，成为官方意识形态的主流，与书院结下了不解之缘。南宋的著名书院几乎都是理学的重要阵地，而书院也是在南宋真正成熟。而在北宋靖康之耻以后的400余年里，由于政治的动荡，嵩阳书院由盛而衰。

金大定年间，废除嵩阳书院，将其更名为"承天宫"。

明朝嘉靖年间，登封县令侯泰在嵩阳书院废墟上请师聚徒，希望复兴书院，结果无力再现昔日盛况。明末，战患频至，嵩阳书院再度堂倾人散，书失碑斜。

清代初期，朝廷对书院实行抑制政策，顺治皇帝下令"不许别创书院"。到清康熙年间，社会稳定，国强民安，崇儒尚文之风再起。

130
朗朗书院

书院文化与教育特色

阅读链接

程门高足谢良佐准备应举时，程颐便说："汝之是心，已不可入尧舜之道矣！有志于道者，要当去此心而后可语也。"程颐认为，科举之术和新儒学的学习是完全不同的人生目标。然而这种思想与现实又是相互矛盾的，程颢和程颐自身的科第生涯就充分说明这一点。

耿介倾力振兴嵩阳书院

那是在1674年的时候，知县叶封决定重新修建满目疮痍的嵩阳书院，但不久之后他便调任京职，名儒耿介继叶封未成之事，历3年建造，使书院又成规模。

耿介号逸庵，河南登封人，他出任福建巡海道道使期间，以身作则，要求隶属节约开支，严禁损公肥私，因此声誉很高。

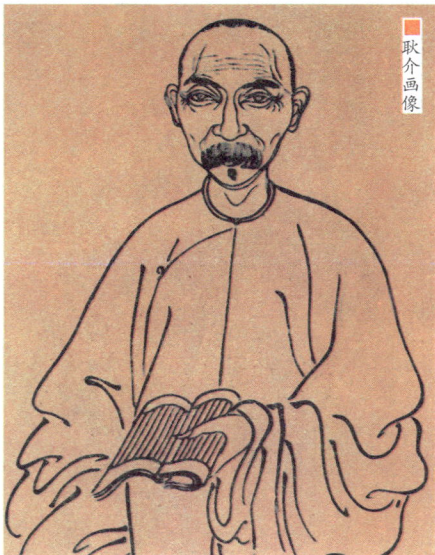

耿介画像

1664年，耿介因母亲去世，归里守孝，3年期满后本应复职，但他看多了官场阴暗，不愿继续为官，决心倡明理学。耿介辞官后闭门读书，砺志修德，尊孔宏儒。

随后，耿介还拜孙奇逢为

师，朝夕请教，深有收获。归里后，耿介决心复兴嵩阳书院，建先贤祠，专祭程颢和程颐和朱熹，又建丽泽堂、观善堂等，使书院面貌为之一新。

耿介承继程颢、程颐"涵养需用敬，进学则在致知"和朱熹"穷理以致其知，反躬以践其实"为教学思想，提出"以主教为宗，以正心诚意为本，议识天理为要"亲自执教，传道授业解惑。

1686年，康熙皇帝为太子选聘教师。吏部侍郎汤斌推荐耿介，说他"潜心经传，学有渊源，老成夙素，罕见其俦"。康熙帝经过亲自考试，将他选入詹事府任少詹事。

耿介任职40天，便托病辞职。归里后，他仍继续掌管嵩阳书院。耿介热心办学，捐田23.3公顷，为书院开支之用。在他影响下，河南太守王楫、学政吴子云等以及社会名流都捐银资助，共购学田116.6公顷，以解决师生的伙食和学校各种经费。

耿介一面购买经、史、子、集各种图书，一面聘请名家冉觐祖、窦克勤等人在嵩阳书院主讲。

冉觐祖17岁在鄢陵中秀才，不久补考博士子弟员。1654年，到卫辉百泉参加乡试，见书贩陈列大量名贵书籍，竟竭尽所有，购买了四书

■冉觐祖（1636—1718），清藏书家、经学家。字永光，号蝉庵。潜心理学，曾主讲于嵩阳书院，作《为学大指》《天理主敬图》以教学生。喜聚书，有人售二十一史，索价甚高，他向诸兄借钱购回。并且兴建"纶翰堂"藏书楼，寝馈万卷之中，考辩益精博，主编有《中州通志》、著有《五经四书详说》《性理纂要》《阳明疑案》及诗文杂著20余种。

五经大全及著名诗文集等，因而不再专心应考，回家 ■ 嵩阳学院先贤殿

埋头研读，立志于著作。

1691年，冉觐祖得中进士，官翰林院检讨。他潜

心理学，主讲于嵩阳书院，作《为学大指》《天理主

敬图》以教学生。

除了请一些名家授课外，耿介自己也积极备课，

登堂讲授。嵩阳书院继北宋之后又一次群星灿烂，慕

名来此求学者络绎不绝。从此嵩阳书院文风大振，进

士景日昣、傅树崇、举人郭英、赵俊等皆出其门。

康熙辛卯年，全省在开封选拔举人，按名额每县

不足一人，嵩阳书院就考取了5人。名儒景冬昣，曾

就学于嵩阳书院，取进士后曾九任御史之职。

景冬昣好学勤思，他的逸事流传较广。景冬昣自

小就很聪明，12岁上就读完了四书五经。20岁以后，

景冬昣边读书边写《说嵩》。

太子 又叫皇太子，储君的一种，是我国皇帝正式继承人的封号，通常被授予的对象是皇帝之子。皇太子的地位仅次于皇帝本人，拥有自己的、类似于朝廷的东宫。东宫的官员配置完全仿照朝廷的制度，还拥有一支类似于皇帝禁军的私人卫队。

■ 嵩阳学院先贤殿里
的孔子塑像

中堂 国画装裱
中直幅的一种体
式，以悬挂在堂屋
正中壁上得名。我
国旧式房屋楼板很
高，人们常在堂屋
中间墙壁上挂上一
副巨大的字画，
称为中堂画，为
竖行书写的长方
形的作品。尺寸
一般为一张整宣
纸，因为尺幅比
较大，所以需要
创作者具有精熟的
技法和整体把握作
品布局的能力。

有一年，景冬旸到张秀才家去拜年，见秀才家里挂着一幅中堂，中堂上是岳飞题词。他问张秀才，词是什么时候题的，张秀才说，是宋朝高宗绍兴十年时题的。

当时，岳飞在蔡州大破金兵以后，在中岳休整军队。景冬旸听罢，看着词的内容好，书法也好，他想把词抄下来，写在《说嵩》一书上，可是天已经晚了，只好回家去了。

哪想到，景冬旸结婚后没几天，有一天天还不亮，他就跑到秀才的家里，从头至尾、一字不漏地把岳飞的题词抄录下来了。

他刚刚抄完，张秀才家的茶童送茶来了，看见景冬旸穿着茄色起花新女裤，禁不住哈哈笑着说："景先生，你怎么穿着新娘子的花裤子？"景冬旸低头一看，才知道起床早，没点灯，把新娘子的裤子穿上了，羞得他满面发红。

张秀才为了解除景冬旸的窘境，假装生气地对茶童说："奴才多嘴！'要得富，和穿裤'嘛！还不走开！"茶童笑着出门去了。

很久以来，中岳一带的新婚夫妻，结婚头一年里，都要和穿一条裤子。这个风俗，就是从景冬旸那个时候传下来的。

嵩阳书院的教育制度，依白鹿洞书院教规，由山长耿介制定《辅仁会约》。会约规定：一、每月初三日命题作文两篇。每月十八日讲课一次。二、学生所读之书以《孝经》《小学》《四书》《五经》《性理大全》《通鉴纲目》为主。三、提倡学生在个人钻研的基础上进行集体讨论，鼓励学生互相启发。四、教导

《通鉴纲目》
南宋朱熹撰著。共59卷，序例一卷。据司马光《资治通鉴》《举要历》和胡安国《举要补遗》等书，本儒家纲常名教，简化内容，编为纲目。纲为提要，模仿《春秋》，目以叙事，模仿《左传》，用意在于用《春秋》笔法，"辨名分，正纲常"，以巩固统治。

135

中州明珠

嵩阳书院

■ 嵩阳书院道统祠

嵩阳书院石雕

学生严于律己，诚心诚意地相互劝善规过。五、反对文过饰非。

为了培养学生的自学能力，耿介制定"立志""存养""穷理""力行""虚心""有恒"等《为学六则》的教育原则。他自己还编撰《孔门言仁言孝之旨》《子在川上一章》《易谦卦》《太极图疏义》《大学首章》《中庸首章》等讲义。

为了继承宋代嵩阳书院传播理学的传统，清初嵩阳书院强调人的品德修养。

窦克勤在《嵩阳书院志》作《序言》说："古之学者以博学、审问、慎思、明辨、笃行之功，以求尽君臣、父子、夫妇、昆弟、朋友之伦，早夜孜孜，自幼至老，服习驯致，故能内而明明德，外而新民，以庶几乎参赞位育之极功。后之学者但为诵读口耳之学而已。其于圣人教人之意失矣。"

正因为嵩阳书院办学的宗旨就是把全部教育过程看作是道德修养的过程，因而其成为清代培养理学家的著名书院之一。

阅读链接

历史上嵩阳书院以理学著称于世，以文化赡富，文物奇特名扬古今。嵩山地区自古就是儒家学派活动的重要地区，这里有嵩阳书院、颍谷书院、少室书院、南城书院、存古书院，其中最显赫的为嵩阳书院。清高宗弘历于1750年10月1日游嵩阳书院时曾赋诗赞道："书院嵩高最最清，石幢犹记故宫名。山色溪声留宿雨，菊香竹韵喜新晴。初来岂得无言别，汉柏阴中句偶成。"

应天书院

应天书院，即应天府书院，又称睢阳书院，其前身为南都学舍，为五代后晋时的商丘人杨悫创办，位于河南商丘古城南湖畔，为中国古代著名的四大书院之一。

北宋初书院多设于山林胜地，唯应天书院设于繁华闹市，而且人才辈出。随着晏殊、范仲淹等的加入，应天书院逐渐发展为北宋最具影响力的书院，是古代书院中唯一一个升级为国子监的书院，被尊为北宋四大书院之首。

杨悫与戚同文建南都学舍

那是在唐末五代后晋时期，由于连年战乱，官学遭到破坏，庠生失教，中原地区开始出现一批私人创办的书院。

930年，河南商丘虞城有一位名叫杨悫的学者，他"力学勤志，

■古代教学场景

不求闻达"，聚徒讲学，创办了"南都学舍"，旨在振兴教育，这一善举得到了归德将军赵直的支持。

南都学舍创建后，在杨悫的努力下，办学成绩显著，培养出了一批人才，名儒戚同文便是其中的一位。

戚同文，字文约，一作文均，北宋宋州楚丘人。戚同文出身于儒学世家，自幼父母俱丧，随祖母就养于外曾祖父家，过着寄人篱下的孤苦生活。戚同文侍奉祖母，以孝闻名。祖母去世后，他昼夜哀泣，数日不食，乡里邻人深受感动。

■戚同文画像

戚同文听说当地名儒杨悫设馆教授学生，于是便来到学舍，恳求入舍学习。杨悫见其意挚诚，于是就教他读《礼记》。戚同文聪慧过人，又异常勤奋，结果不到一年的时间，就能背诵四书五经了。杨悫见他聪慧过人，将来必有大才，于是便将自己的胞妹许配给他为妻。

时值后晋末年，天下大乱，戚同文立志不去做官，但他却希望国家早日统一。杨悫常鼓励他去做官，但是戚同文却说："长者不仕，同文亦不仕。"

杨悫依附于将军赵直家，赵直患重病，不能起床，于是便将家事托付给戚同文，同文处理得井井有

《礼记》 我国古代一部重要的典章制度书籍，儒家经典著作之一。该书编定是西汉戴圣对秦汉以前各种礼仪著作加以辑录，编纂而成，共49篇。《礼记》大约是战国末年或秦汉之际儒家学者托名孔子答问的著作。

■ 古代学习雕塑

条。赵直器重同文的为人,对他厚加礼遇,为他兴建学校,招收门徒。

由于戚同文学问渊博,精通五经,执教有方,使得私学声名鹊起,四方学子负笈茹辛,"不远千里"而至,"远近学者皆归之"。

960年,北宋建立。由于朝廷急需人才,实行开科取士,当年2月就开科考试。没想到该书院就出了8位进士。一时间,书院声名鹊起,人才辈出,名扬四海,有"七榜五十六"之美称。

戚同文品学兼优,为人纯厚朴实,崇尚信义,遇人有丧事便尽力帮助,宗族、邻里贫困无法生活的他便去周济。冬天,他常将自己的棉衣送给身寒无衣的人们。他不蓄积财产,不营建居室,主张"人生以行义为贵,何必去积财呢?"因此深得乡人的推崇。

遇有不孝父母、不友爱兄弟的人，他便教以做人为善的道理。他善于识人，与他交往的都是当时的名士，且乐意听人的善事，从不说人的短处。

戚同文贫贱不屈、刻苦好学、教诲无倦的精神，亦成为应天书院的学风和师风。

976年，戚同文去世，虽受赠礼部侍郎，但南都学舍的日常教学却一度中断。宋真宗即位后，宋州升为应天府。应天府民曹诚曾为南都学舍的学生，他对老师聚徒讲学的情景十分怀念，于是"以金300万"，在府城中戚同文私学旧舍建屋150间。并邀请戚同文之孙戚舜宾主持书院。

戚舜宾继承祖业，办学勤勉，"制为学规，课试讲肄，莫不有法"，"博延生徒，讲习甚盛"，使得书院声名远播。

1009年，曹诚将所建学舍和书籍全部入官，受到真宗皇帝的嘉许，下诏表彰，并御赐书院匾额"应天府书院"。同年2月24日，一块金光闪闪的宋真宗皇帝御赐的院额送抵应天府学舍。

从此，应天书院影响日增，成为北宋初期全国四大书院之一。

阅读链接

戚同文为人纯厚朴实，崇尚信义，遇人有丧事便尽力帮助，宗族、邻里贫困无法生活的他便去周济；冬天常将自己的棉衣送给身寒无衣的人们；他不蓄积财产，不营建居室，主张"人生以行义为贵，何必去积财呢？"因此深得乡里推崇。遇有不孝父母、不友爱兄弟的人，他便教以做人为善的道理；他善于识人，与他交往的都是当时的名士，且乐意听人的善事，从不说人的短处，因此深受人们的爱戴。

范仲淹执教书院的影响

989年的夏天，在徐州武宁军节度掌书记的家中，诞生了一个男孩，父亲给他取名为范仲淹，字希文。

范仲淹两岁时，父亲亡故。母子回苏州，贫无所依，于是母亲改适平江推官朱文翰，范仲淹随后改名"朱说"。

朱文翰后迁官开封，母子遂返山东。从此，范仲淹受尽童年之苦。待他年纪稍长后，继父让他学习商贾技艺，但是他皆不喜欢，唯愿读书。

由于社会和家庭的压力，范仲淹学习非常刻苦。他在澧泉寺读书3年，其间朱家败落，不久朱文翰辞世，谢氏从此承担了全部家庭负担。

范仲淹画像

古人殿试图

范仲淹长大以后，知道了自己的身世，十分伤感，于是哭着告别母亲，前往应天府读书。在书院里，范仲淹刻苦学习，备尝艰辛。他"昼夜不息、冬月惫甚，以水沃面；食不给，至以糜粥继之。人不能堪，仲淹不苦也"。史有成语"划粥断齑"即源于此。

当时，范仲淹写有《南都学舍书怀》一诗，诗云：

> 白云无赖帝乡遥，汉苑谁人奏洞箫！
> 多难未应歌凤鸟，薄才犹可赋鹡鸰。
> 瓢思颜子心还乐，琴遇钟君恨即消；
> 但使斯文天未丧，涧松何必怨山苗。

此诗记述了范仲淹初来应天府的心境，诗中虽然流露出些许幽怨的情绪，但却充满了乐观与自信。

从1011年开始，范仲淹在书院熬过了5年的苦读生涯。

推官 我国古代官名，唐朝始置，节度使、观察使、团练使、防御使、采访处置使下皆设一员，其位次于判官、掌书记，掌推勾狱讼之事。清初沿用明制，于各府设推官及挂衔推官。顺治三年罢挂职衔推官。康熙六年废除。

粮料院 我国古代官署名，宋初承唐制，有都粮料使，先以三司大将担任，宋太祖时改用文臣。宋太宗太平兴国五年分立诸司粮料院、马军粮料院与步军粮料院，后并马、步军为一院，掌文武百官与诸军俸料。南宋粮料院与登闻检院、登闻鼓院、进奏院、官诰院、审计院合称六院，因六院长官常转为御史，故号称察官之储。

■ 古代学子雕塑

1012年，范仲淹提前参加御试未中，3年之后，范仲淹重振旗鼓再次参加御试，并以礼部第一，中乙科97名，荣登"蔡齐"榜，受到真宗皇帝的礼待并赐御宴。

范仲淹进士及第后，首任安徽广德司理参军三年，遂迁亳州集庆军推官。在谯郡从事3年后，又迁任西溪盐仓，晋兴化县令、楚州粮料院共4年。虽官职仅为九品县令，但他却将其学到的尧舜之道、治国方略，皆尽其力地为百姓谋福，为国家尽忠。在广德，他"日抱具狱与太守争是非"，"贫止一马，鬻马而归"。

1017年，范仲淹在亳州任上复范姓，此时与杨日严"甚乎神交"，"独栖难安"地为民兴利。在西溪，他立志为盐民解除潮患，修复捍海堰堤，开辟了泰、海、楚、通4州、8郡10余县180里的水利工程，动员

了4万多民工并亲自总役工程的进程。

捍海堰堤工程未完，范仲淹复迁楚州粮料院。还未上任，突然传来"母丧应天府"的噩耗。他不得不去官，守丧应天府。第二次长居应天府达3年之久。

与范仲淹同榜进士，此时任应天府知府的蔡齐，新任留守原枢密副使晏殊，均知范仲淹在应天府守丧。当晏殊见到应天书院缺少良师时，便邀聘范仲淹主持应天书院。

■ 范仲淹坐姿铜像

范仲淹"不以一心之戚，而忘天下之忧"，毅然带丧主持应天书院。范仲淹精通《六经》，长于《易》，学者多从质问。"为执经讲解，亡所倦。尝推其俸以食四方游仕"。"日于府学之中观书肆业，敦劝徒众；讲习艺文，不出户庭；独守贫素，儒者之行实有可称"。"公尝宿学中，训导学者皆有法度，勤劳恭谨以身先之"。范仲淹诲人不倦、为人师表的操行令人赞叹。

当时在任的著名讲书还有王洙和稽颖等人，他们博学多才，教学有志，授徒有方，成绩卓著。

范仲淹因出身贫寒，所以对贫寒之士关爱有加。山东泰山有学生孙复在入学前，从山东来应天府向范仲淹求助，他解囊相助，赠钱一千缗。

过了一年，孙复又来求助，范仲淹又赠一千缗。

晏殊（991—1055），字同叔，著名词人、诗人、散文家，北宋抚州府临川城人，是抚州籍第一个宰相。晏殊与其第七子晏几道，在当时北宋词坛上，被称为"大晏"和"小晏"。晏殊以词著于文坛，尤擅长小令，有《珠玉词》130余首，风格含蓄婉丽，更多地表现诗酒生活和悠闲情致，颇受南唐词人冯延巳的影响，与欧阳修并称"晏欧"。

应天书院全景图

孙复 （992—
1057），因长期
居泰山讲学，人
称"泰山先生"。
又与胡瑗、石介，
人称"宋初三先
生"。他们还是
北宋理学的先导
人物。同时，孙
复还是一位卓越
的教育家。嘉佑
二年卒于家。
宋仁宗赐钱治
丧，欧阳修为
之撰墓志铭。

范仲淹看他不像乞客，问他为何年年来，"汲汲于道路而误了学业。"

孙复戚然动色说："母老无以养活，若日得百钱，则甘旨足矣。"范仲淹说："补子为学职，月可得三千，以供养。子能安于学乎？"孙复大喜，随之笃学不舍昼夜，行复修谨，范仲淹很喜欢他。

后来，范仲淹服满复职，孙复去应举。景祐元年，孙复第四次科举落第，通过郓城举子士建中介绍，孙复认识了石介。石介在泰山筑室，邀孙复去讲学，并与张洞等执弟子礼师事孙复。

孙复居泰山8年，主要从事经学的研究与讲学，撰写了《易说》64篇、《春秋尊王发微》12卷等著作，声名渐显于世。

1042年，在范仲淹、石介等人的推荐下，孙复以布衣超拜，任秘书省校书郎、国子监直讲。他与石介一起，积极支持范仲淹等人的"复古劝学"主张，在太学实施举人应考须有听书日限及扩大太学录取人数等措施，使得学生人数骤增，北宋太学从此而兴。

孙复辛勤于治学，研究周、孔之道，先是追求科举与功名，后是研究学问与讲学，故而在40岁时尚未成婚。时任宰相李迪，深知孙复人品、学问俱佳，将其侄女嫁给了他。

李迪是宋真宗、仁宗时有名的大臣，地位、政绩显赫，为人处事亦很正派，他将侄女下嫁孙复，增其贤名，而世人则由此更知孙复之贤，孙复之学及其为人很快传闻于天下。

孔子的后裔孔道辅，时为龙图阁待制，很有声望，亦前来拜见孙复。当拜见时，石介就立侍孙复的左右，举行礼仪时，升降拜则扶持着，往谢孔道辅时亦然。

孙复所主持的泰山书院一时盛况空前，成为当时

校书郎 古代的官名，负责校雠典籍，订正讹误。东汉时，征召学士至兰台或东观宫中藏书处校勘典籍，其职为郎中者，则称之为校书郎中，亦称为校书郎；三国魏秘书省始置校书郎，其职是司校勘宫中所藏典籍诸事。唐朝时秘书省与弘文馆都设置，宋属秘书省，金元时属秘书监，明清时废此官职。

千年书声

应天书院

■ 商丘古城墙

龙图阁 宋代阁名，宋真宗纪念宋太宗的专门宫殿。真宗咸平初建，在会庆殿西偏。收藏太宗御书、御制文集、各种典籍、图画、宝瑞之物，以及宗正寺所进宗室名籍、谱牒等。又先后置待制、直学士、直阁等官。北宋包拯曾任龙图阁直学士，故民间戏曲小说中以"包龙图"称之。

的一个学术活动中心。

孙复盛名在外，引起范仲淹、富弼等当朝一些大臣的关注，被任命为秘书省校书郎、国子监直讲。

由此，范仲淹不禁感慨地说，贫困实在是一种可怕的灾难，倘若孙复一直乞讨到老，这杰出的人才岂不湮没沉沦了！

范仲淹执教时，更是整饬院风、学风。首先是尊师重道的院风。范仲淹躬亲示范，他对晏殊的荐举之恩始终以门生师之，同时对博学的老师极力挽留。一代名儒王洙在应天书院教授期满，范仲淹代留守晏殊上书宋仁宗，留王洙继续在书院讲学。

在范仲淹的影响下，学生们更加注意严谨治学，对经学研究多求本意，少涉及注疏。

应天书院在范仲淹的主持下，成为全国四大书院

■ 商丘古城楼

之一，从范仲淹的《南京书院题名记》中可见一斑：

范仲淹蜡像

……风乎四方，士也如狂，望兮梁园，归与鲁堂。章甫如星，缝掖如云；讲议乎经，咏思乎文。经以明道，若太阳之御六合焉；文以通理，若四时之妙万物焉。诚以日至，义以日精。聚学为海，则九河我吞，百谷我尊；淬词为锋，则浮云我决、良玉我切……至于通《易》之神明，得《诗》之风化；洞《春秋》褒贬之法，达《礼乐》制作之情；善言二帝三王之书，博涉九流百家之说……观夫二十年间，相继登科而魁甲，英雄仪羽台阁，盖翩翩焉，未见其止。宜观名列，以功方来，登斯缀者，不负国家之乐育，不孤师门礼教……抑又使天下庠序，视此而兴，济济群髦，咸底于道。则皇家三五

富弼（1004—1083），字彦国，洛阳人。1030年以茂才异等科及第，历任知县、签书河阳节度判官厅公事、通判绛州、郓州，召为开封府推官、知谏院，知制诰、枢密副使、知郓州、青州，枢密使，进封"郑国公"，并且出判亳州。

■ 古人放榜图

之风，步武可到，戚门之光，亦无穷已。

晏殊在写给朝廷的《举范仲淹状》里，称范仲淹"独守贫素儒者之行，实有可称"，并且要求朝廷加以重用。

1028年冬天，范仲淹因办学成绩卓著，被提拔到中央任秘阁校理，离开应天府。

范仲淹在应天书院主持执教仅3年时间，但却为北宋兴学树立了光辉榜样，"天下庠序，视此而兴"其影响绵绵数代。

1035年，应天书院改为府学，并获学田10顷。1043年，应天书院又升府学为南京国子监。到了1502年，黄河泛滥，归德府城淤积地下，应天书院也随之被埋。

秘阁 宋朝官名，北宋宋太宗年间，在崇文院中堂建阁，称秘阁，收藏三馆书籍真本及宫廷古画墨迹等，有直秘阁、秘阁校理等官。元丰改制，并归秘书省。

1511年，知州杨泰有在旧城北筑新城。同年，知州周冕继修，始告竣工，归德府迁入新城，就是现在的商丘古城，应天书院也随迁往城内。后知州刘信在这里建大门和仪门各3间，建大成殿、明伦堂各5间，左右斋房各60间。大成殿内立有孔子及其弟子的牌位，为祭孔之地。明伦堂为学堂，是学子应试之地。

1531年，明巡按御史蔡瑷将知州在商丘城西北隅建的社学改建，沿用旧名称"应天书院"。但是不久，宰相张居正于1579下令拆毁天下所有书院，应天书院也未能逃过此劫。

1601年，归德知府郑三俊重建"范文正公讲院"于归德府学东。他效法范仲淹的精神，亲自执书讲学，一时培养了许多杰出人才，诸如官至户部尚书的侯恂，南京国子监祭酒侯恪，兵部侍郎叶廷桂、练国

御史 我国古代官名。先秦时期，天子、诸侯、大夫、邑宰皆置，是负责记录的史官、秘书官。国君置御史，自秦朝开始，御史专门为监察性质的官职。三国时，曹魏于殿中省置殿中侍御史，西晋，有督运御史、符节御史、检校御史等。隋唐改检校御史为监察御史，明清，专设监察御史，隶都察院。

古代学堂内景

古代学堂老师

事等，皆为郑氏赏拔。他们颇有范仲淹刚正不阿，崇志向、尚气节的精神，为官多著清声。

明代中后期，睢阳没于黄河，城址北迁，原讲院故址已无存。明亡清立。

1651年，重新恢复范文正公讲院，侯方域撰有《重修书院碑记》。

1674年，知府闵子奇又修书院，请来名师执教，"下帷讲学，有醇儒之风，学者翕然宗之"。康熙二十年，知县赵申桥将义学扩建，题名为"应天书院"。

1748年，知府陈锡格重修应天书院。1901年，朝廷废科举，兴学校，诏令各省的书院改为大学堂，各府、厅、直隶州的书院改为中学堂，各州县的书院改为小学堂。

1905年8月，范文正公讲院改为"归德府中学堂"。至此，应天书院完成了其历史使命。

阅读链接

1014年，宋真宗驾临应天府。同年正月二十九，升应天府为南京，改圣祖殿为鸿庆殿，并赐宴三日。应天书院的学生倾巢而出，前往观看，唯独范仲淹仍在书院内读书。有同学问他，为何错失良机不去看看？

他回答说："异日见之未晚。"可见范仲淹在应天书院求学时顽强的毅力与远大的抱负。

东林书院

东林书院创建于1111年，是当时北宋理学家程颢、程颐嫡传高弟、知名学者杨时长期讲学的地方，后来由于一些原因曾经一度被废。

1604年，由东林学者顾宪成等人重兴修复并在此聚众讲学，他们倡导"读书、讲学、爱国"的精神，引起全国学者普遍响应，一时声名大著。东林书院成为江南地区人文荟萃之区和议论国事的主要舆论中心。

杨时为讲学创建东林书院

那是在我国的北宋时期，杨时于1044年出生在南剑州将乐县，杨时字中立，自幼就颖悟异常，善诗文，人称"神童"。

1076年，杨时中进士后调官不赴。学于程颢、程颐兄弟，杜门不仕近10年。后历任州一级的司法、防御推官等职，历知刘阳、余杭、萧山三县，多有惠政。

杨时又称龟山先生，他经常优游林泉，以读书讲学为事，东南学者将之推为"程学正宗。"

1093年5月，杨时投于程颐门下，到洛阳伊川书院学习。

那时，杨时已40多岁，且对理学已有相当造诣，但他谦虚勤勉。有一次去拜见程颐，见老师正在厅堂上打

■ 程颐和程颢塑像

■ 二程故里道学堂

瞌睡，不忍惊动，便静静地站在门廊下等候。这时，天空正下着大雪，待程颐醒来，门外的积雪已经下得很厚，这就是"程门立雪"的来历。

杨时因与曾任兵部侍郎的常州士绅邹道乡、无锡籍官员李夔友善，所以常到常州、无锡访友并讲学。李夔之父李赓，福建邵武人，与杨时同属南剑州人，后移居无锡东胶山。

李夔之子李纲，是历史上有名的抗金名臣。1111年，李夔陪同杨时到南门保安寺游览。杨时见这里临伯渎港，前临清流，周围古木森天，与庐山东林寺颇为相似，确是一个研究和传授学问的理想场所，便有意长期在此讲学。

李夔全力赞同，特地在保安寺后面建起一所书院，杨时定名为"东林"，这就是东林书院。

杨时去世后，杨时的学生在无锡县城的东林书院所在地为他建了一祠堂，名为道南祠，取杨时学成

兵部侍郎 兵部的副长官，明代正三品，清代为从二品。"兵部"乃六部之一，"兵部"源于三国魏"五兵制"，隋唐以后设立兵部，掌全国武官选用和兵籍、军械、军令之政，历代相沿。

邵宝（1460—1527），明代著名藏书家、学者。字国贤，号泉斋，别号二泉，江苏无锡人。中进士后授许州知州，历户部员外郎、郎中。著有《简端二余》《慧山记》《定性记说》《漕政举要》《大儒奏议》《学史》《春容堂全集》《春容堂后集》《春容堂续集》等。

南归时老师程颐对他说过一句赞美的话："吾道南矣！"，后来书院因年久失修而荒废。杨时离开后，东林书院逐渐荒废。

1350年，有僧人秋潭在原址上建东林庵，学舍被辟为东林庵。百年后的明代，无锡人邵宝因幼年时曾在此读书，出仕后曾力图在原址修复东林书院，但种种原因没有实现，仍为学舍。

1604年，由东林学者顾宪成等人重新修复并在此聚众讲学，他们倡导"读书、讲学、爱国"的精神，引起普天之下学者的普遍响应，一时声名大著。

顾宪成撰写的名联"风声雨声读书声声声入耳，家事国事天下事事事关心"更是家喻户晓，曾激励过不知多少知识分子，对我国传统文化思想发展促进极大，有"天下言书院者，首东林"之赞誉。

东林书院也因此成为了江南地区的人文荟萃之区

■ 东林书院石牌坊

学生上课场景

和议论国事的主要舆论中心。后经历代修复之后，有石牌坊、泮池、东林精舍、丽泽堂、依庸堂、燕居庙、道南祠等建筑。

在教学方面，书院也在顺应时代而不断发展的，采取自学、共同讲习和教师指导相结合的方式进行，以自学为主，重在教育人的德性，并不单纯为了应试。明代时，世人把书院视为谈经课士、准备科举的教学机构，当时讲会盛行，书院除了"升堂会讲"外，还组织文会、诗会、酒会、茶会、面会、舫会等与教学活动相关的各种会事。

明代与教学相关的书院之会大多是考试活动，称会文、会课、会考。会文即聚会作文，是书院日常的教学活动。一般情况下，会文的日期确定之后，不会轻易更改，就形成了日课、月课、季课等名词。

据史书记载，当时的东林书院除了每月的定期考试之外，有些书院还有"日课簿"，规定学生的每日学业，然后不定期地随意抽查。明代科举盛行，大多数书院"教人不外科举"。在课程设置上，分为必修课和选修课，必修课的教学内容以四书五经、史书为主。

选修课涉及性理、诸经、杂史、古文、军事、法律、水利、楷书等，必修课和选修课都是应用于科举考试的。当时的书院要想让考生考取功名，需要将30余部教材编成一个比较完整的知识体系。

东林书院和我国古代其他书院一样，讲学是第一要务。讲学和研究的主要内容也是儒家经史著述。与其他书院不同的是，东林书院更加强调从实际出发，注重讲实学、办实事、有实用、求实益。

书院规定每次会讲推举一人讲"四书"中的一段内容，之后大家自由发问，互相切磋。此外，书院还规定讲学时，伙食标准为午饭4人一桌，两荤两素，要求学生要生活简朴，不主张铺张浪费，不讲究吃喝玩乐。

东林学派还十分重视"百姓日用"之学，顾宪成大力倡导书院的学习内容要密切联系实际、联系百姓日用生活。东林讲学不仅包括儒、释、道、文学、史学等，还经常开展各种社会问题大讨论。

据记载，在1840年前后，东林书院接纳生童名额共75人。其中，正额内课生童10人，正额外课生童20人，广额内课生童10人，广额外课生童15人，附课生童20人。

书院文化与教育特色

■ 古代考生考试场景

清代先生教书场景

中期以后，各地书院经严格的考试后，按成绩优异程度对录取的学生进行类别等级的划分。根据其等级，每人分别发给数额不等的膏火即供学习用的津贴。

另外，为鼓励学习优异者，书院还设有奖学金，第一名奖励800文，第二至五名，奖励600文。这些对于书院来说，是笔很大的开支。据悉，书院课士所学的经书内容比义学、私塾要深，有些从书院肄业的学生，会直接参加乡试。

阅读链接

东林书院"东林"二字，因杨时《东林道上闲步》一诗而取名。清代钱肃润在《东林书院前记》中曰："东林书院者，宋杨文靖公龟山先生讲道地也。地以'东林'名者何？先生素爱庐山之胜，尝于（庐山）东林（寺）道上感而有赋，诗曰：'寂寞莲塘七百秋，溪云庭月两悠悠。我来欲问林间道，万叠松声自唱酬。'及归而讲道锡邑，共地即以'东林'名。"

顾宪成主持和振兴东林书院

　　1594年的9月，顾宪成从京城回到家乡泾里。顾宪成在朝中因公务繁忙，积劳成疾，再加遭遭削职，冤屈难伸，因此在长途跋涉回到家中后体质极弱，病痛频发，好几次生命陷入垂危。然而他绝不放弃自己为国为民的抱负，尽管已不能在朝中实现自己的志向，也要在故乡做些有益的事。

　　顾宪成认为，讲学可以传授知识，为国家培养人才，便把精力集中到讲学上来。由于顾宪成在学界政界都有很高声望，慕名来请教他的人很多。顾宪成不顾病体，一视同仁，热情欢迎接待。

　　后来，他看到前来泾里的人很多，小小的泾里镇上，连祠宇、

顾宪成石刻像

客栈和自己周围邻居家都住满了客人，还容纳不下，就与长兄性成、次兄自成及弟弟允成商量，在自己住宅南边造了几十间书舍供来人居住，顾宪成的夫人朱氏给学生们烧饭做菜，使学生来了就像回到家里一样。

泾溪南北，昼则书声琅琅，夜则烛火辉辉，一派夜以继日、奋发攻读的景象。即使许多已有功名、才学亦高的学者也争相前来求教。

顾宪成在居家讲学的同时，还经常到苏州、常州、宜兴等地去讲学。在讲学活动中，顾宪成迫切感到必须具备一个固定的讲学场所，从而将分散的讲学活动变成一个有协调组织的统一活动，从而对吴地乃至整个社会产生良好的影响和作用。

1604年，经顾宪成和吴地学者的共同努力，官府批准在无锡城东门内的东林书院遗址重建兴复东林书院。重建工程开始于同年4月11日，至9月9日告竣，共用了1200多两银子。

作为首倡发起人之一的顾宪成捐银最多，又去策动吴地官员和缙绅捐资助修，出了大力。顾宪成又亲自为书院讲会审订了宗旨及具体顾允成（1554—1607），字季时，号泾凡，江苏无锡人，顾宪成之弟。明末思想家，历任南京教授、礼部主事。1594年，顾宪成亦遭革职还家。顾允成遂与兄长重修东林书院悉心讲学，聚集有识之士形成影响一时的"东林党"，为"东林八君子"之一，著有《小辨斋偶存》八卷等。

会约仪式，这年十月，顾宪成会同顾允成、高攀龙、刘元珍、钱一本、薛敷教、叶茂才——时称"东林八君子"发起东林大会，制定了《东林会约》，顾宪成首任东林书院的主讲。顾宪成的讲学活动成为他一生事业的辉煌时期。

东林讲学是在特定历史条件下，适应时代、社会和学人的共同需要兴举起来的。它规定每年一大会，每月一小会，除了严寒盛暑外，定期会讲，这就将原来的分散游学变为集中固定的有组织的讲学活动。

书院不分尊卑、不限地区、不论长少、不收学费，只要愿意，均可参加，还提供食宿方便。讲授方式十分灵活，有时采用演讲方式，讲了一段时间后，就穿插朗诵一段诗词以活跃气氛。有时采用集体讨论方式，沟通思想、交流心得。

东林讲学博采诸家合理之言，去短集长、不执门户之见，讲学内容也较为广泛、丰富，主要以儒家经史著述为主，但也兼及并包括一些必要适用的自然科学知识和具体实际的应用与管理方面的知识在内，还与评论政事得失、乡井是非连在一起。

由于东林讲会开创了一种崭新的讲学风气，引起了朝野的普遍关注。一些学者从全国各地赶来赴会，学人云集，每年一次

■ 东林书院内的正心亭

的大会有时多至千人，不大的书院竟成了当时国内人文荟萃的重要会区。

东林书院实际上成为一个舆论中心，这里的人们逐渐由一个学术团体形成为一个政治派别，从而被他们的反对者称为"东林党"。那时所谓的"党"，是指政治见解大致相同、在政治活动中经常结合在一起的一批人。

东林党与朝廷中的腐朽势力展开了殊死的斗争，东林书院的主讲顾宪成则以其卓越的思想气度成为东林党的精神领袖。

顾宪成深入研究各家的学术观点，从现实和封建国家利益出发，认为沉溺功名或空谈心性都是有害的，因为这两种学术思潮都将导致人们对现实社会和具体学问的漠不关心。

顾宪成还认为当时国家的政治形势已危机四伏，因此强调研究学问的出发点必须是为了国家民生所用，他认为如果眼光短浅，营营于一己之私，即使功名很高、学问很深也不足挂齿，提倡士人不管是作官为民，身处何境，都要明辨是非，注重气节，敢于和恶势力斗争。

在东林书院的讲堂里，就挂上了顾宪成在青年时代写的对联：

风声雨声读书声声声入耳，家事国事天下事事事在心。

把读书、讲学同关心国事紧紧地联系在一起。

同时，顾宪成也以一庶民身份积极参与事务和评论朝政，将注意乡井民情和关心国事落实到实际行动上。1594年，以贩粮谋点微利的赵焕在江阴受坏人所害。他的儿子赵希贤多次为父讼冤，由于乡官相互包庇，一直得不到申雪。

顾宪成为此特意写信给巡抚江南的地方官周怀鲁，请他代呈灾情，上达朝廷，以便量情及时给予救济。顾宪成还曾写信给漕运巡抚李三才，向他反映灾区情况，恳请他尽力通融接济灾民。

顾宪成对朝局的败坏十分关心，但他鼓励东林成员不管时局千难万难，一定要坚守职责，直言敢谏，精诚谋国，即使：

天下有一分可为，亦不肯放手。
天下有一分不可为，亦不可犯手。

意思是说，只要天下还有一线希望，就要坚决地干不去，切不可知难而退，使一邦宵小奸党全面控制朝政；同样，只要有一丝一毫不该做的，也绝不插手，绝不能同流合污，使政局更为糟糕。

阅读链接

高攀龙是明代文学家、政治家。字存之，又字云从、景逸。1589年中进士之后被授行人，因上书指责"陛下深居九重"被贬谪为揭阳县典史，又逢亲丧家居，30年不被起用。在此期间，他与顾宪成在家乡东林书院讲学，抨击阉党、议论朝政，影响较大，时人称为"东林党"，高攀龙为首领之一。后来，朝廷重新启用高攀龙，他被召入朝任光禄寺丞，又升少卿，后又议任大理少卿、刑部右侍郎。

天启四年擢升左都御史，与左副都御史杨涟等上书弹劾太监魏忠贤，揭发魏忠贤的党羽崔呈秀贪污受贿事状，被革职返乡，是东林书院影响颇大的一位学者。

中华精神家园书系

古迹奇观

玉宇琼楼： 分布全国的古建筑群
城楼古景： 雄伟壮丽的古代城楼
历史开关： 千年古城墙与古城门
长城纵览： 古代浩大的防御工程
长城关隘： 万里长城的著名关卡
雄关漫道： 北方的著名古代关隘
千古要塞： 南方的著名古代关隘
桥的国度： 穿越古今的著名桥梁
古桥天姿： 千姿百态的古桥艺术
水利古貌： 古代水利工程与遗迹

山水灵性

母亲之河： 黄河文明与历史渊源
中华巨龙： 长江文明与历史渊源
江河之美： 著名江河的文化源流
水韵雅趣： 湖泊泉瀑与历史文化
东岳西岳： 泰山华山与历史文化
五岳名山： 恒山衡山嵩山的文化
三山美名： 三山美景与历史文化
佛教名山： 佛教名山的文化流芳
道教名山： 道教名山的文化流芳
天下奇山： 名山奇迹与文化内涵

自然遗产

天地厚礼： 中国的世界自然遗产
地理恩赐： 地质蕴含之美与价值
绝美景色： 国家综合自然风景区
地质奇观： 国家自然地质风景区
无限美景： 国家自然山水风景区
自然名胜： 国家自然名胜风景区
天然生态： 国家综合自然保护区
动物乐园： 国家动物自然保护区
植物王国： 国家保护的野生植物
森林景观： 国家森林公园大博览

西部沃土

古朴秦川： 三秦文化特色与形态
龙兴之地： 汉水文化特色与形态
塞外江南： 陇右文化特色与形态
人类敦煌： 敦煌文化特色与形态
巴山风情： 巴渝文化特色与形态
天府之国： 蜀文化的特色与形态
黔风贵韵： 黔贵文化特色与形态
七彩云南： 滇云文化特色与形态
八桂山水： 八桂文化特色与形态
草原牧歌： 草原文化特色与形态

东部风情

燕赵悲歌： 燕赵文化特色与形态
齐鲁儒风： 齐鲁文化特色与形态
吴越人家： 吴越文化特色与形态
两淮之风： 两淮文化特色与形态
八闽魅力： 福建文化特色与形态
客家风采： 客家文化特色与形态
岭南灵秀： 岭南文化特色与形态
潮汕之根： 潮州文化特色与形态
滨海风光： 琼州文化特色与形态
宝岛台湾： 台湾文化特色与形态

中部之魂

三晋大地： 三晋文化特色与形态
华夏之中： 中原文化特色与形态
陈楚风韵： 陈楚文化特色与形态
地方显学： 徽州文化特色与形态
形胜之区： 江西文化特色与形态
淳朴湖湘： 湖湘文化特色与形态
神秘湘西： 湘西文化特色与形态
瑰丽楚地： 荆楚文化特色与形态
秦淮画卷： 秦淮文化特色与形态
冰雪关东： 关东文化特色与形态

节庆习俗

普天同庆： 春节习俗与文化内涵
张灯结彩： 元宵习俗与彩灯文化
寄托哀思： 清明祭祀与寒食习俗
粽情端午： 端午节与赛龙舟习俗
浪漫佳期： 七夕节俗与妇女乞巧
花好月圆： 中秋节俗与赏月之风
九九踏秋： 重阳节俗与登高赏菊
千秋佳节： 传统节日与文化内涵
民族盛典： 少数民族节日与内涵
百姓聚欢： 庙会活动与赶集习俗

民风根源

血缘脉系： 家族家谱与家庭文化
万姓之根： 姓氏与名字号及称谓
生之由来： 生庚生肖与寿诞礼俗
婚事礼俗： 嫁娶礼俗与结婚喜庆
人生遵俗： 人生处世与礼俗文化
幸福美满： 福禄寿喜与五福临门
礼仪之邦： 古代礼制与礼仪文化
祭祀庆典： 传统祭典与祭祀礼俗
山水相依： 依山傍水的居住文化

衣食天下

衣冠楚楚： 服装艺术与文化内涵
凤冠霞帔： 佩饰艺术与文化内涵
丝绸锦缎： 古代纺织精品与布艺
绣美中华： 刺绣文化与四大名绣
以食为天： 饮食历史与筷子文化
美食中国： 八大菜系与文化内涵
中国酒道： 酒历史酒文化的特色
酒香千年： 酿酒遗址与传统名酒
茶道风雅： 茶历史茶文化的特色

国风美术

丹青史话： 绘画历史演变与内涵
国画风采： 绘画方法体系与类别
独特画派： 著名绘画流派与特色
国画瑰宝： 传世名画的绝色魅力
国风长卷： 传世名画的大美风采
艺术之根： 民间剪纸与民间年画
影视鼻祖： 民间皮影戏与木偶戏
国粹书法： 书法历史与艺术内涵
翰墨飘香： 著名书法名作与艺术
行书天下： 著名行书精品与艺术

汉语之魂

汉语源流： 汉字汉语与文章体类
文学经典： 文学评论与作品选集
古老哲学： 哲学流派与经典著作
史册汗青： 历史典籍与文化内涵
统御之道： 政论专著与文化内涵
兵家韬略： 兵法谋略与文化内涵
文苑集成： 古代文献与经典专著
经典宝典： 古代经传与文化内涵
曲苑音坛： 曲艺说唱项目与艺术
曲艺奇葩： 曲艺伴奏项目与艺术

博大文学

神话魅力： 神话传说与文化内涵
民间相传： 民间传说与文化内涵
英雄赞歌： 四大英雄史诗与内涵
灿烂散文： 散文历史与艺术特色
诗的国度： 诗的历史与艺术特色
词苑漫步： 词的历史与艺术特色
散曲奇葩： 散曲历史与艺术特色
小说源流： 小说历史与艺术特色
小说经典： 著名古典小说的魅力

歌舞共娱

古乐流芳： 古代音乐历史与文化
钧天广乐： 古代十大名曲与内涵
八音古乐： 古代乐器与演奏艺术
鸾歌凤舞： 古代大曲历史与艺术
妙舞长空： 舞蹈历史与文化内涵
体育古项： 体育运动与古老项目
民俗娱乐： 民俗运动与古老项目
刀光剑影： 器械武术种类与文化
快乐游艺： 古老游艺与文化内涵
开心棋牌： 棋牌文化与古老项目

科技回眸

创始发明： 四大发明与历史价值
科技首创： 万物探索与发明发现
天文回望： 天文历史与天文科技
万年历法： 古代历法与岁时文化
地理探究： 地学历史与地理科技
数学史鉴： 数学历史与数学成就
物理源流： 物理历史与物理科技
化学历程： 化学历史与化学科技
农学春秋： 农学历史与农业科技
生物寻古： 生物历史与生物科技

文化标记

龙凤图腾： 龙凤崇拜与舞龙舞狮
吉祥如意： 吉祥物品与文化内涵
花中四君： 梅兰竹菊与文化内涵
草木有情： 草木美誉与文化象征
雕塑之韵： 雕塑历史与艺术内涵
壁画遗韵： 古代壁画与古墓丹青
雕刻精工： 竹木骨牙角匏与工艺
百年老号： 百年企业与文化传统
特色之乡： 文化之乡与文化内涵

杰出人物

文韬武略： 杰出帝王与励精图治
千古忠良： 千古贤臣与爱国爱民
将帅传奇： 将帅风云与文韬武略
思想宗师： 先贤思想与智慧精华
科学鼻祖： 科学精英与求索发现
发明巨匠： 发明天工与创造英才
文坛泰斗： 文学大家与传世经典
诗神巨星： 天才诗人与妙笔华篇
画界巨擘： 绘画名家与绝代精品
艺术大家： 艺术大师与杰出之作

戏苑杂谈

梨园春秋： 中国戏曲历史与文化
古戏经典： 四大古典悲剧与喜剧
关东曲苑： 东北戏曲种类与艺术
京津大戏： 北京与天津戏曲艺术
燕赵戏苑： 河北戏曲种类与艺术
三秦戏苑： 陕西戏曲种类与艺术
齐鲁戏台： 山东戏曲种类与艺术
中原曲苑： 河南戏曲种类与艺术
江淮戏话： 安徽戏曲种类与艺术

千秋教化

教育之本： 历代官学与民风教化
文武科举： 科举历史与选拔制度
教化于民： 太学文化与私塾文化
官学盛况： 国子监与学宫的教育
朗朗书院： 书院文化与教育特色
君子之学： 琴棋书画与六艺课目
启蒙经典： 家教蒙学与文化内涵
文房四宝： 纸笔墨砚及文化内涵
刻印时代： 古籍历史与文化内涵
金石之光： 篆刻艺术与印章碑石

悠久历史

古往今来： 历代更替与王朝千秋
天下一统： 历代统一与行动韬略
太平盛世： 历代盛世与开明之治
变法图强： 历代变法与图强革新
古代外交： 历代外交与文化交流
选贤任能： 历代官制与选拔制度
法治天下： 历代法制与公正严明
古代税赋： 历代赋税与劳役制度
三农史志： 历代农业与土地制度
古代户籍： 历代区划与户籍制度

信仰之光

儒学根源： 儒学历史与文化内涵
文化主体： 天人合一的思想内涵
处世之道： 传统儒家的修行法宝
上善若水： 道教历史与道教文化

梨园谱系

苏沪大戏： 江苏上海戏曲与艺术
钱塘戏话： 浙江戏曲种类与艺术
荆楚戏台： 湖北戏曲种类与艺术
潇湘梨园： 湖南戏曲种类与艺术
滇黔好戏： 云南贵州戏曲与艺术
八桂梨园： 广西戏曲种类与艺术
闽台戏苑： 福建戏曲种类与艺术
粤琼戏话： 广东戏曲种类与艺术
赣江好戏： 江西戏曲种类与艺术

传统美德

君子之为： 修身齐家治国平天下
刚健有为： 自强不息与勇毅力行
仁爱孝悌： 传统美德的集中体现
谦和好礼： 为人处世的美好情操
诚信知报： 质朴道德的重要表现
精忠报国： 民族精神的巨大力量
克己奉公： 强烈使命感和责任感
见利思义： 崇高人格的光辉写照
勤俭廉政： 民族的共同价值取向
笃实宽厚： 宽厚品德的生活体现

历史长河

兵器阵法： 历代军事与兵器阵法
战事演义： 历代战争与著名战役
货币历程： 历代货币与钱币形式
金融形态： 历代金融与货币流通
交通巡礼： 历代交通与水陆运输
商贸纵观： 历代商业与市场经济
印染工业： 历代纺织与印染工艺
古老行业： 三百六十行由来发展
养殖史话： 古代畜牧与古代渔业
种植细说： 古代栽培与古代园艺

强健之源

中国功夫： 中华武术历史与文化
南拳北腿： 武术种类与文化内涵
少林传奇： 少林功夫历史与文化